Anita Schorn • Anna – erwachsen vor der Zeit

Anita Schorn

Anna – erwachsen vor der Zeit

Schicksal eines Kölner Mädchens
1941 bis 1946

FRIELING

Die Deutsche Bibliothek – CIP-Einheitsaufnahme
Schorn, Anita:
Anna – erwachsen vor der Zeit : Schicksal eines Kölner Mädchens 1941 bis 1946 / Anita Schorn. –
Orig.-Ausg., 1. Aufl. – Berlin : Frieling, anno 2000
ISBN 3-8280-1122-5

Hünefeldzeile 18, D-12247 Berlin-Steglitz
Telefon: 0 30 / 76 69 99-0

ISBN 3-8280-1122-5
1. Auflage anno 2000
Umschlaggestaltung: Graphiti
Bildnachweis: Archiv der Autorin

Printed in Germany

Anna sah an ihrem schwarzweiß karierten Hängerchen hinunter auf die Spitzen der schwarzen Lackschuhe. Sie fühlte sich traurig und unbehaglich. Mit der linken Hand klammerte sie sich am Faltenrock ihrer sieben Jahre älteren Schwester Margot fest.

Diese vielen schwarz gekleideten Menschen, die in ununterbrochener Folge an ihnen vorbeizogen! Anfangs hatte sie wie eine aufgezogene Puppe jedem die Hand gereicht. Und jeder drückte sie, begleitet von einem mitleidigen Murmeln. Doch allmählich war sie es leid. Sie verschränkte beide Hände auf dem Rücken. Anna warf ihrem neben ihr stehenden Vater einen scheuen Blick zu. Sein Gesicht sah wie versteinert aus. In der Soldatenuniform kam er ihr fremd vor.

Sie holte die Hände wieder hinter dem Rücken hervor. Denn dass ihr nun jeder der fremden Menschen über die Haare strich, gefiel ihr noch weniger. Sie lehnte sich an die Schwester und fühlte deren Zittern und Schluchzen.

Anna war total verwirrt. Was war nur mit Mutti passiert? Sie hatte sie doch vor ein paar Tagen zusammen mit Großmutter und Margot im Krankenhaus besucht. Da lag Mutti im Bett.

„Bist du krank? Wann kommst du nach Hause?“, hatte Anna gefragt.

Mutti, mit ihrem lieben Lächeln, hatte geantwortet: „Nein, krank bin ich nicht. Bald komme ich wieder nach Hause. Und weißt du was? Ich bringe dir ein kleines Schwesterchen mit. Es soll Gisela heißen. Nun bist du mit deinen sechs Jahren auch schon eine ‚große‘ Schwester.“

Und jetzt sagten alle: „Mutti ist tot“, und weinten ganz schrecklich. Aber was war das eigentlich – tot? Margot hatte ihr schluchzend erklärt, dass ihre Mutter nie wiederkommen würde. Anna verstand das nicht. Sie konnte nicht glauben, dass ihre Mutter mit den schönen, schwarzen Haaren und den weichen, zärtlichen Armen, in deren sicheren Schutz sie sich immer flüchten konnte, dort in diesem großen, blumengeschmückten Holzkasten liegen sollte, der jetzt in eine tiefe Grube versenkt wurde. Sie hob den Kopf und blickte in die neugierigen Augen einer älteren Frau, die nach ihrer Hand grabschte. Anna war sicher, dass sie vor wenigen Minuten schon einmal ihre Hand gedrückt und dabei etwas gemurmelt hatte. Grässlich war das!

Die Menge verlief sich allmählich. Doch eine immer noch stattliche Anzahl umstand im weiten Kreis die Grabstelle und beobachtete die trauernden Familienmitglieder. Der Vater schob Anna vor sich her: „Komm jetzt!“ Im Weitergehen drangen Wortfetzen zu ihnen herüber: „So ein berühmter Mann …“ und „Schrecklich! Die armen Kinder!“

Berühmter Mann? Damit konnte nur Annas Vater gemeint sein. Alle sagten, dass er berühmt sei, weil er mit seiner großen Tanzkapelle oft im Radio zu hören war. Und zu Hause gab es eine Menge Schallplatten, auf denen in der Mitte das Bild eines Hundes zu sehen war, der in einen Trichter hineinlauschte. Jetzt, wo Vati bei den Soldaten war, legte Mutti oft eine solche Platte auf das Grammophon. Dann hörten sie der Musik, Vaters schönem Gesang und seinem Geigenspiel zu. Und wenn sie nun nach Hause kämen, öffnete Mutti bestimmt die Haustür und sagte: „Wo wart ihr denn solange? Ich habe schon auf euch gewartet!“

Sie würden morgen wieder alle zusammen vergnügt frühstücken und Vati sie mit komischen Einfällen zum Lachen bringen. Er machte sich gern über Muttis Angewohnheit, mit dem angefeuchteten Zeigefinger die heruntergefallenen Brötchenkrümel vom Tisch aufzupicken, lustig.

Doch als sie vom Friedhof zurückkehrten, war das Haus still und leer. Nur Blitz bellte vom Garten her zu ihrer Begrüßung. Anna öffnete nie als Erste die Kellertür zum Garten, weil der große, junge Schäferhund sie schon aus Übermut so heftig angesprungen hatte, dass sie hingefallen war. Außerdem zwickte er sie oft vor

Freude darüber, dass sie in den Garten kam, mit seinen spitzen Zähnen in ihre dünnen Beine und Fußknöchel. Bei ihren Eltern und bei Margot tat er das nie, weil er vor denen Respekt hatte.

Am Abend konnte Anna nicht gleich einschlafen. Sie fühlte sich schrecklich einsam, obgleich sie das Zimmer mit ihrer Schwester teilte. Auch Margot warf sich unruhig in ihrem Bett hin und her.

„Kann ich zu dir kommen? Ich habe Angst!“, wisperte Anna hinüber.

„Komm!“, antwortete Margot nur mit belegter Stimme und schlug ihre Bettdecke zurück. Eng aneinander gekuschelt fanden sie getröstet Schlaf.

Schon am nächsten Tag packte Vater einige Kleidungsstücke von Anna in ein kleines Köfferchen und erklärte ihr, dass er sie für ein paar Tage zu Freunden nach Dortmund bringen würde. „Es sind sehr nette Leute.“

„Aber die kenne ich doch gar nicht!“, maulte sie. „Und Margot?“

„Sie bleibt eine Weile bei den Großeltern. Ich habe vieles zu erledigen. Verstehst du das, mein Kleines?“

Ihre graugrünen Augen in dem schmalen, blassen Gesicht sahen ihn ausdruckslos an. Dann nickte Anna gehorsam, obgleich sie eigentlich schon seit Tagen nicht viel von dem verstand, was um sie herum geschah.

Auf dem Bahnsteig des Kölner Hauptbahnhofes warteten sie auf den Zug, der sie nach Dortmund bringen sollte. Anna zupfte an der Hand des Vaters. „Wo ist eigentlich das neue Schwesterchen?“ Erst hier auf dem Bahnsteig war ihr plötzlich eingefallen, dass Mutti ihr doch dieses Baby versprochen hatte.

„Bei Tante Tinchen in Porz“, antwortete er kurz mit lauter Stimme, weil soeben der Zug mit ohrenbetäubendem Stampfen und Zischen in den Bahnhof einfuhr. Die Lokomotive kam ihr wie ein wild gewordenes fauchendes, schwarzes Ungeheuer vor. Sie presste ihre Puppe Ines, die halb so groß war wie sie selbst, an sich. Das Fauchen ließ nach und mit grellem Quietschen kam die Eisenbahn zum Stehen.

Es war Annas erste Zugfahrt. Nachdem sie erst einmal im Abteil saßen, sah sie sich neugierig um. Es stiegen noch drei Frauen zu ihnen ein. Die eine fragte Anna lächelnd: „Na, hat deine Puppe denn auch eine Fahrkarte?"

Achselzuckend antwortete sie: „Musst du meinen Vater fragen."

Lustig fand sie beim Hinausschauen, wie Bäume, Häuser und Menschen da draußen in rascher Folge vorbeiflogen. Sie kniff die Augen abwechselnd auf und zu. Wenn sie die Augen öffnete, hatte sich das Bild wieder verändert.

In fremder Umgebung

Hermann Lange und seine Frau Gertrud standen winkend auf dem Dortmunder Bahnsteig. Die Begrüßung zwischen den Erwachsenen bestand aus einer ernsten, stummen Umarmung.

„Das ist Anna!", stellte der Vater sie vor. „Sie ist sehr lieb, aber ein bisschen verwöhnt."

Als sich Tante Gertrud zu Anna hinab beugte, tropften dicke Tränen aus ihren Augen. Komisch, dachte Anna flüchtig, gab artig die Hand und machte einen kleinen Knicks.

Onkel Hermann und Tante Gertrud, wie Anna sie anreden sollte, gaben sich auf ihre Art in den nächsten Tagen wohl alle Mühe mit ihrem kleinen Gast. Sie selbst hatten keine Kinder. Doch Anna gefiel es nicht in der immer ordentlich aufgeräumten, nach Bohnerwachs riechenden Wohnung. Sie langweilte sich. Und sie sehnte sich nach ihrer Mutter. Sie fehlte ihr unendlich mit ihrem herzlichen Lachen, bei dem immer die Nasenflügel bebten.

Onkel Hermann lachte nie. Beim Frühstück und beim Abendbrot saß er, korrekt gekleidet, am Tisch und aß schweigend. Anna warf ihm von der Seite scheue Blicke zu. Hin und wieder beschäftigte sie die Frage, wie er seinen schnurgeraden Scheitel im kurz geschnittenen, dunklen Haar wohl so genau ziehen konnte. Wenn Onkel Hermann „zur Arbeit ging", legte er einen Moment die Hand auf Annas blonden Pagenkopf, sah sie ernst an und sagte: „Bis heute abend, mein Kind. Sei brav!"

Anna wäre aber lieber wenigstens einmal *nicht* brav gewesen. Wenn Tante Gertrud in der Küche beschäftigt war, zog sie rasch die Schuhe aus und machte auf dem blank gewienerten Linoleumboden des Flures Rutschversuche. Sie war aber nicht sicher, ob das erlaubt war.

Eine kleine Abwechslung bestand darin, mit der Tante bei Schumachers Lebensmittel einkaufen zu gehen. Der kleine Laden war voll gestopft mit unzähligen Dingen. Anna ging mit kurzen Schritten umher und sah sich neugierig um. „Fass aber nichts an!“ mahnte die Tante vorsorglich. Die mitleidigen Blicke von Frau Schumacher und den anderen Kundinnen, die leise schwatzend vor der Theke standen, berührten Anna schon nicht mehr. Interessiert beobachtete sie, wie Frau Schumacher Bestellungen der Kundinnen ausführte, mal „ein Viertel Margarine“ abwog, mal „ein halbes Pfund Zucker“ in eine spitze Tüte auf der Waage hineinrieseln ließ oder „einen halben Liter Magermilch, bitte“ in eine blecherne Milchkanne abfüllte. Hin und wieder hörte Anna, wie eine Kundin mit verhaltener Stimme sagte: „Schreiben Sie es bitte an!“ Tante Gertrud zog dann leicht die Augenbrauen hoch und rückte an ihrem Hut, ohne den sie niemals ihre Wohnung verließ.

Manchmal hatte Anna Glück und bekam von Frau Schumacher eine kleine rote Zuckerstange geschenkt, die sie mit einem artigen Knicks annahm. Tante Gerta sah die Süßigkeit nicht gern. „Eigentlich – na ja, wissen Sie, es verdirbt nur den Appetit und das Kind isst sowieso so schlecht.“

Ihrer Mutter hatte Anna immer eine Nascherei zwischendurch abbetteln können. Wenn Mutters Schwester Leni, die in der Nähe wohnte, das mitbekam, gab es auch Vorwürfe: „Das ist falsch, Änne! So kann sie ja mittags keinen Hunger haben!“

„Na ja, ausnahmsweise“, antwortete diese und kniff in Annas Richtung ein Auge zu.

Ansonsten verbrachte Anna in den nächsten Tagen viel Zeit damit, in der Küche mit ihrer Puppe Ines „Mutter und Kind“ zu spielen. Die Unterhaltung zwischen der Puppenmutter und dem Puppenkind spielte sich jeweils mit verstellter Stimme mal liebevoll, mal recht streng ab. Tante Gertrud hörte stets mit einem schmalen, freundlichen Lächeln zu. Sie gab ihr auch kleine Mengen Lebensmittel, mit denen Anna dann „Verkaufsladen“ spielte.

Die Wohnung der Langes befand sich im ersten Stock. An einem Sonntagvormittag schaute Anna gelangweilt aus dem geöffneten Fenster auf die Straße. Der Stelle unter dem Fenster näherten sich ein Mann, eine Frau und ein kleiner Junge. Weil der Bürgersteig hier schmal war, gingen sie hintereinander, der Junge in der Mitte. Rasch sammelte Anna Speichel im Mund und spuckte mit aller Kraft nach unten, um den Jungen zu treffen. Die Spucke landete genau auf dem Kopf des Mannes. Der fasste sich an den Kopf und sah sofort nach oben. Total erschrocken tauchte Anna vom Fenster weg. Als es gleich darauf klingelte, flüchtete sie zu ihrer Puppe Ines und setzte sich herzklopfend mit ihr auf einen Stuhl. Sie hörte die erstaunte Stimme Onkel Hermanns und die erregte Stimme eines Mannes. Die Wohnzimmertür ging auf.

„Anna, komm bitte mal her! Hast du aus dem Fenster gespuckt?"

Sie wusste, dass Leugnen zwecklos war, und nickte bejahend.

„Entschuldige dich bei dem Herrn!", sagte der Onkel streng.

Sie tat es mit leiser Stimme. Als er den Mann hinausbegleitet hatte und mit Tante Gertrud zurückkehrte, stieg in Anna ein heftiges Schluchzen auf. Doch der Onkel sagte nur ruhig: „Weil du so ehrlich warst, wollen wir die Sache vergessen. Ich hoffe aber, dass so etwas nicht mehr vorkommt."

Weil sie trotzdem das Schluchzen nicht unterdrücken konnte, nahm Tante Gertrud sie mütterlich in den Arm.

„Komm, komm, beruhige dich. Ist ja gut!"

Am frühen Nachmittag desselben Tages erschien plötzlich Annas Vater. Mit einem freudigen „Vaaatiii!" stürzte sie in seine Arme und er hob sie lachend hoch bis über seinen Kopf.

„Heute geht es wieder nach Hause", sagte er dabei.

Die Erwachsenen hatten sich viel zu erzählen. Anna wartete, eng an den Vater geschmiegt, mit stiller Ungeduld auf den Moment des Abschieds. Nur einige Sätze drangen in ihr Bewusstsein. Aber jetzt warf sie den Kopf hoch und hörte aufmerksam zu, wie ihr Vater sagte: „Meine Eltern und meine Schwester Maria werden zu den beiden Kindern in mein Haus ziehen. Ich habe noch Sonderurlaub, kann beim Umzug meiner Eltern helfen und alles in Ruhe regeln, ehe ich wieder nach Pommern zu meiner Einheit zurück muss.“

Das waren große Neuigkeiten.

Der Abschied von Langes vollzog sich rasch und unter den herzlichen Dankesworten ihres Vaters, der Anna aufforderte, ein Gleiches zu tun.

Wieder in Köln

Das Haus in der Siebengebirgsallee erschien Anna verändert. Obwohl die Großeltern und Tante Maria, genannt Tante Ija, sie sehr herzlich in Empfang nahmen, kam es Anna in den ersten Tagen vor, als sei sie zu Besuch gekommen, vor allem, weil Vater wieder abgereist war.

Der Großvater arbeitete tagsüber im Archiv eines Versicherungskonzerns und Tante Ija als Verkäuferin im Kaufhaus Peters in der Kölner Innenstadt. Wenn Margot in der Schule war, nahm die Großmutter Anna stets zu ihren Einkäufen mit. Es erschreckte Anna, dass die Oma in Abständen von heftigen Magenschmerzen geschüttelt wurde. Als sie eines Tages in der Metzgerei darauf warteten, bedient zu werden, begann die Oma plötzlich zu stöhnen und sich zu krümmen. Die Verkäuferin brachte eilig einen Stuhl. Anna stand hilflos daneben. Sie legte ihre Hand auf den Rücken ihrer Oma und sagte leise: „Sie hat oft Bauchweh."

Die Anfälle gingen meistens bald wieder vorbei. Doch als Anna abends dem Großvater und ihrer Tante von dem Vorfall in der Metzgerei erzählte, fassten diese einen Entschluss: „So geht das nicht weiter, Mama. Du wirst dich im Krankenhaus einmal gründlich untersuchen lassen!"

Großmutter protestierte aufs heftigste: „Das geht schon wieder vorbei. Ich will nicht ins Krankenhaus. Und außerdem, wer soll sich um die Kinder kümmern?" Auf den blassen, eingefallenen Wangen der Großmutter erschienen hektische rote Flekken. Anna betrachtete das weiße, streng hochgesteckte Haar. Wenn Großmutter es abends öffnete und herunterließ, durfte Anna „Friseur" spielen und es kämmen und bürsten. Die Oma gab keinen Muckser von sich, wenn es ab und zu einmal ziepte und zerrte.

Nach einigen Tagen gab Großmutter sich geschlagen und ließ sich zur Untersuchung ins Krankenhaus bringen. Während der

Woche ihres Aufenthaltes dort kam die Schwester von Annas Mutter, Leni, während des Tages ins Haus. Das gefiel Anna über die Maßen, weil ihre vierjährige Cousine Christel, die ihr mit den runden blauen Augen und dem Kopf voller blonder Löckchen immer wie eine große Puppe vorkam, und ihr fünfjähriger Cousin Karl-Heinz mit dabei waren. Sie konnte sich so richtig als die Ältere aufspielen.

Eines Tages spielten die drei Kinder auf dem Bürgersteig vor dem Haus „Vater, Mutter, Kind", wobei die Garageneinfahrt die „Wohnung" darstellte.

„Mutter" Anna hatte viel Mühe mit Christel, die sich widerspenstig verhielt und sich nicht in den kleinen Puppenwagen zwängen lassen wollte. Da kam der kleine Tempo-Lieferwagen auf der Straße vorbei, der manche Haushalte mit Stangeneis belieferte. Vor dem übernächsten Haus hielt er an. Die Kinder liefen dorthin und sahen zu, wie der Mann mit einem spitzen eisernen Haken eine lange rechteckige Stange nach vorne zog und ein großes Stück Eis abtrennte. Er legte sich einen leeren Sack über die linke Schulter. Auf dieser trug er seine kalte Ware in ein Haus. Darauf hatten die Kinder gewartet. Sie sammelten kleine abgeplatzte Stücke Eis auf und lutschten sie vergnügt. Als der Mann zurückkehrte und das Auto langsam anfuhr, hängte sich Karl-Heinz mit angezogenen Beinen an die Kante der Ladefläche. Doch der Wagen gewann an Tempo. Die Finger des Jungen rutschten ab und er schlug mit den Knien hart auf der Straße auf. Das jammervolle Wehgeschrei lockte seine Mutter vor die Haustür. Einige schnelle Schritte brachten sie zu ihrem Sohn. Anna und Christel berichteten aufgeregt, was passiert war. Zu Annas großem Erstaunen nahm Tante Leni ihr Kind jedoch nicht tröstend in die Arme, sondern verabreichte ihm ein paar kräftige Schläge auf sein Hinterteil.

„Hoffentlich tust du das nicht noch mal! Das war sehr gefährlich!", sagte sie dann, nahm ihre beiden Kinder an die Hand und ging ins Haus. Über die Schulter rief sie Anna noch freundlich zu: „Räume die Spielsachen weg! Wir essen gleich."

Anna kaute nachdenklich an ihrer Unterlippe. So streng hatte sie die Tante noch nicht erlebt. Doch sie erinnerte sich, dass sie im letzten Winter von ihrer sonst so nachsichtigen Mutter auch einmal ordentlich übers Knie gelegt worden war. Eine Freundin von Margot hatte bei ihnen an einem Sonntagmorgen geklingelt und berichtet, dass der Weiher im Park zugefroren sei. Anna war bei der nächsten Gelegenheit aus dem Haus geschlüpft und in den nahe gelegenen Klettenbergpark gelaufen. Zum Weiher führte ein breiter Weg abwärts. Sie war an der Heide und dem kleinen Schieferberg vorbeigelaufen. Dann hatte der Weiher, auf dem sonst Enten schwammen, glitzernd vor ihr gelegen. Erfreut setzte sie einen Fuß nach dem anderen auf die Eisfläche. Doch plötzlich war ein scharfes Splittern zu hören gewesen. Das Eis zerbrach unter ihr und sie fiel in das Wasser. Angstvoll hatte sie geschrien, um sich geschlagen und versucht, sich am Ufergras festzuhalten, doch es gab keinen Halt. In ihrer Panik schluckte sie Wasser. Auf einmal hatte jemand ihren Arm gepackt. Ein früher Spaziergänger zog sie mit einem Ruck aus dem Wasser. Er hatte ordentlich mit ihr geschimpft. In der Kälte und vor Nässe triefend war sie schluchzend nach Hause gelaufen. Auf ihr Klingeln hin öffnete Mutti die Haustür, sah sie erschrocken an und rief aus: „Was ist denn passiert? Ich dachte, du wärst in deinem Zimmer!"

Als Anna heulend ihr Erlebnis herausstieß, packte ihre sonst so sanftmütige Mutter der Zorn. „Das ist doch die Höhe!", rief sie aufgebracht und klatschte ihrer Tochter ein paar Hiebe auf den verlängerten Rücken. Sofort wurden die nassen Anziehsachen ausgezogen und die vor Kälte bibbernde Anna in ein heißes Bad gesteckt. Eine zusätzliche Strafe war es für sie, anschließend die verhassten langen, kratzigen Wollstrümpfe auf die vom Baden weiche Haut der Beine ziehen zu müssen. Die Strümpfe wurden an ein Leibchen angeknöpft und von ihr schnell wieder heruntergerollt, als sie in ihrem Zimmer den wachsamen Blicken der Mutter entkommen war.

Anna nahm ihre Puppe in die Arme und presste sie fest an sich. Sie war dem Weinen nahe. Wie gern würde sie die kratzigen Strümpfe anziehen und überhaupt nie, nie mehr ungehorsam sein, wenn sie dafür ihre Mutter wieder bei sich hätte.

Sie stopfte die Spielsachen in den Puppenwagen und lief rasch ins Haus.

Der „Ernst des Lebens“

Im Frühjahr 1941 wurde Anna eingeschult. Tante Ija nahm sich frei und sie und Oma, der es ein wenig besser ging, begleiteten ihr „I-Dötzchen“ in die nahe gelegene Volksschule Lohrbergstraße. Anna war für das wichtige Ereignis fein herausgeputzt worden. Auf ihrem blonden Pagenkopf thronte eine große Taftschleife. Voller Stolz trug sie die bunte Schultüte im Arm. Der nagelneue lederne Schulranzen auf ihrem schmalen Rücken hatte noch kein großes Gewicht. Leise klappernd rutschte beim Gehen der Inhalt, eine Schiefertafel, die Griffeldose, das Schwammdöschen, und außen ein von Margot gehäkelter Lappen hin und her.

Auf dem Schulhof trafen sie auf eine große Anzahl von aufgeregt plappernden Kindern, die von den sie begleitenden Müttern oder Großmüttern ständig zur Ruhe ermahnt wurden. Einige Kinder kannte Anna.

„Wann fängt denn nun der Ernst des Lebens an?“, fragte sie nach einem Weilchen ungeduldig ihre Großmutter. Diese und Tante Ija lachten herzlich über ihre Frage, was Anna verwunderte. Schließlich war ihr das in den letzten Wochen oft genug angekündigt worden, ohne dass sie sich so richtig etwas darunter vorstellen konnte.

Eine ältere Frau begann, die Namen von einer Liste laut vorzulesen. Die aufgerufenen Kinder mussten sich zu zweit hintereinander aufstellen. Auf diese Weise wurden zwei lange Reihen gebildet. Es gab jedoch auch einige Kinder, die sich nur unter Tränen von ihren Müttern lösten.

Zwei Lehrerinnen wurden vorgestellt, eine junge Frau und eine sehr alte, wie Anna fand, mit strenger Knotenfrisur.

„Hoffentlich bekomme ich die junge Lehrerin“, flüsterte Anna der dicht neben der Reihe stehenden Tante zu. Ihr Wunsch ging in Erfüllung.

Fräulein Schunk führte die Kinder in einen Klassenraum und teilte ihnen ihre Plätze zu. Fräulein Schunk ließ sich von den Kindern noch einmal die Namen sagen. Das Mädchen in der Bank neben Anna hieß Marga. Sie sahen sich aus den Augenwinkeln abschätzend an. Marga hatte frische, rote Wangen und lange, dikke, braune Zöpfe, die am Ende mit Schleifen zusammengehalten wurden. Neidvoll betrachtete Anna die prächtigen Zöpfe. Ihre eigenen Haare wurden stets bis kurz über den Ohrläppchen abgeschnitten, weil sie angeblich zu dünn seien für Zöpfe.

Die Lehrerin erklärte ihren neuen Schülern, dass sie nun bald lesen, schreiben und rechnen lernen und viele interessante Dinge erfahren würden. Sie las eine lustige Geschichte vor. Ein Fotograf erschien und machte von jedem Kind ein Foto mit der Schultüte in dem einen Arm, während die andere Hand eine Schiefertafel hielt, auf der „Mein erster Schultag“ geschrieben stand. Dann war die erste Schulstunde auch schon zu Ende und die Kinder wurden wieder von ihren Eltern in Empfang genommen.

Ferien im Schwarzwald

Eines Tages überraschte Margot sie mit der Ankündigung: „Stell dir vor, wir beide werden in den Ferien mit dem Zug in den Schwarzwald geschickt."

Anna sah ihre Schwester unsicher an: „Wir beide allein?"

„Auf der Reise passen natürlich irgendwelche Leute auf uns auf, vom Roten Kreuz oder so", sagte Margot beruhigend.

„Warum fahren denn ausgerechnet wir beide?", wollte Anna wissen.

„Weil wir keine Mutter haben, unser Vater bei den Soldaten und die Oma krank ist", antwortete ihre Schwester kurz angebunden.

Obwohl Anna gerne in die Schule ging, wurde sie doch von der Ferienvorfreude ihrer Schwester angesteckt.

Von dem Leben auf dem bäuerlichen Hof in Lörrach war sie schnell begeistert. Anfangs wich sie nicht von Margots Seite, vor allem auch deshalb, weil sie den Dialekt der Leute, einem Ehepaar mit zwei erwachsenen Söhnen, kaum verstand. Die Familie Beuchle bezog jedoch beide Kinder mit großer Herzlichkeit wie selbstverständlich in ihren Alltag ein.

Die einem Stadtkind unbekannten Gerätschaften auf dem Hof untersuchte Anna neugierig und entdeckte täglich Neues. Sie kletterte in jeden noch so engen Winkel. Die Klingel zum Wohnhaus war eine altertümliche Drehklingel, die sie zuerst einmal ausgiebig ausprobieren musste. Und zu ihrer Schlafkammer führte eine interessante, enge, steile Stiege hinauf. Mit ihrer Schwester spielte sie Verstecken, wozu es auf dem Hof unerschöpfliche Möglichkeiten gab. Bevor sie abends als Erste ins Bett gehen musste, spielten sie das herrliche Spiel „Deinen Letzten". Man musste versuchen, den anderen mit einem leichten Schlag zu berühren, und weglaufen, um dem nächsten Schlag auszuweichen. Derjenige, der zuletzt berührt worden war, bevor man sich trennte, hatte verloren. Die beiden rannten unter fröhlichem Kreischen auf dem Hof herum. Natürlich war Anna ihrer Schwester nicht gewachsen, doch sie konnte nicht gut verlieren. Oft endete das fröhliche Spiel bei ihr mit Trotz und Tränen. Meistens war Margot dann großzügig bereit, nachzugeben und den letzten Schlag einzustecken.

Kirschenernte

Es war die Zeit der Kirschenernte. Eine stadtauswärts führende Landstraße säumten zu beiden Seiten Süßkirschbäume. Jeder Baum war Eigentum einer Familie des Ortes.

Auch Familie Beuchle begann mit den Erntevorbereitungen. An einem sonnigen Morgen wanderten Vater und Mutter Beuchle, Margot und Anna auf der Landstraße hinaus zu „ihrem“ Baum. Das Ehepaar zog einen hölzernen Leiterwagen hinter sich her, auf dem sich leere Körbe und Eimer stapelten. An den Seitensprossen war eine Leiter befestigt. Anna bemühte sich, mit den Großen Schritt zu halten, dabei legte sie immer wieder ein paar Laufschritte ein. Als Herr Beuchle dies bemerkte, hob er sie mit einem gutmütigen Lachen auf das Wägelchen zwischen die Körbe. Anna hielt sich vergnügt auf dem rumpelnden Gefährt fest.

In den nächsten Stunden füllten sich die Gefäße rasch mit den prallen, dunkelroten, süßen Früchten. Anna pflückte von den untersten, sich unter ihrer Last biegenden Zweigen. Dabei stopfte sie sich eine Kirsche nach der anderen in den schon rot verschmierten Mund und spuckte die Kerne im hohen Bogen aus.

Margot war von der Leiter auf einen stärkeren Ast geklettert. Frau Beuchle hatte ihr an einem Band ein kleines Körbchen um den Hals gehängt, in das sie die Früchte sammelte.

Um die Mittagszeit breitete Frau Beuchle am Wiesenrand eine Decke aus und holte aus einem Korb belegte Brote und zwei Flaschen Wasser.

Anna fand das alles fabelhaft und sie aß mit großem Appetit ein zusammengeklapptes Wurstbrot.

Am Abend lernten die beiden Mädchen einen Satz im schönsten Dialekt sprechen, den Anna ihr Leben lang nicht vergessen sollte und der ungefähr so lautete: „Kladere uffs Chuchichäschterle un hol de Chirssechade obenabe.“ („Klettere auf den Küchenschrank und hole den Kirschenkorb herunter.“)

Johannes, der jüngere Sohn der Beuchles, übte ihn unter Lachen mit den beiden ein. Margot schlug vor, dass er ihr den Satz aufschreiben möge. Doch Johannes wehrte ab; das könne er nicht. Wie solle er den scharfen Rachenlaut des CH denn schreiben?

Ein „süßes“ Mädchen

Margot starrte durch die Scheiben des kleinen Küchenfensters hinaus in den strömenden Regen. Immer wieder überfiel sie mit Macht eine große Traurigkeit, wenn sie an ihre Mutter dachte; besonders an solchen grau verhangenen Tagen. Wie sollten sie nur ohne sie auf Dauer zurechtkommen? Und warum musste eine Frau schon mit 32 Jahren sterben? Das war doch noch nicht alt! Vater hatte die Mutter mit dem Baby an dem Tag aus dem Krankenhaus abholen wollen, als es ihr ganz plötzlich schlecht ging. Die Ärzte sagten später, es sei eine Herzembolie und alle ärztlichen Bemühungen seien vergeblich gewesen. Das hatte Vater ihr so erklärt.

Margot schluckte heftig. Sie wollte nicht vor Frau Beuchle und besonders nicht wieder vor Anna in Tränen ausbrechen.

Anna saß an dem großen Küchentisch und malte mit Eifer an einem Bild für ihren Vater. Sie sah auf, als Margot sich abrupt herumdrehte, und sagte: „Gehst du mit, Anna? Ich möchte mal an die Luft.“

Frau Beuchle fragte erstaunt: „Bei dem Regen?“

„Na wenn schon! Wir haben doch Regencapes.“

Anna zögerte. Doch in den Augen der Schwester sah sie den ihr schon vertrauten Ausdruck von Trauer. „Ich komme!“ Vielleicht würde Margot dann wieder fröhlich.

Eine Weile liefen sie nebeneinander mit eingezogenen Köpfen unter den Kapuzen ziellos durch die Straßen. Anna ließ ab und zu leise Seufzer hören. Mehr wagte sie im Augenblick nicht als Protest gegen dieses öde Herumlaufen. Plötzlich blieb Margot stehen. Sie schob die Kapuze zurück und lächelte Anna an.

„Ich weiß, was wir machen!“

Anna sah sie erleichtert an.

„Wir gehen in ein Café Kuchen essen.“

„Waaas?“ Anna sah sie ungläubig an. „Wir beide alleine? Hast du denn soviel Geld?“

„Ich habe noch etwas Taschengeld. Das reicht dicke."

Als sie auf der Hauptstraße vor dem Café Stein standen, hielt Anna die Schwester an der Strickjacke fest.

„Vielleicht lassen sie uns nicht herein."

Margot warf die dunklen Haare in den Nacken und sagte mit gespieltem Hochmut: „Wenn so ein süßes Mädchen wie ich kommt, sagen sie bestimmt nicht nein."

„Angeberin!", antwortete Anna und streckte ihr rasch die Zunge heraus.

Einige Tische waren besetzt. Die Kinder steuerten mit hölzernen Schritten auf einen freien Tisch in der Ecke zu. Eine Serviererin fragte sie freundlich nach ihren Wünschen. Margot bestellte mit leiser Stimme zwei Stückchen Obsttorte. Als der Kuchen vor ihnen stand, stieß sie die kleine Schwester triumphierend an.

„Na siehst du! Und iss nur ja anständig."

Leider erwies sich der Boden der Torte als ziemlich hart.

„Kann ich das Stück nicht in die Hand nehmen?", flüsterte Anna.

„Nein!", zischte Margot. Sie bemühte sich gerade, mit der Kuchengabel den Kuchen zu zerteilen, als die Gabel abrutschte. Das Tortenstück landete mit der Obstseite auf ihrem Schoß und der Teller sauste auf den Teppich. Einige Sekunden saßen beide Mädchen wie erstarrt auf ihren Stühlen. Dann sprang Anna auf, um den Teller aufzuheben, der nicht zerbrochen war. Margot löste mit hochrotem Kopf den klebrigen Kuchen von ihrem Rock. Mit raschem Blick durch das Café stellte sie erleichtert fest, dass scheinbar niemand etwas von ihrem Missgeschick bemerkt hatte. Den Restkuchen schoben sie sich dann hastig mit den Fingern in den Mund.

Als sie nach dem Bezahlen wieder vor dem Café auf der Straße standen, sagte Anna mit Blick auf die Tortenspuren auf Margots Rock: „Hihi, jetzt bist du wirklich ein ‚süßes' Mädchen!"

Eine neue traurige Nachricht

„Am Samstag kommt Vati und holt uns nach Hause. Er hat wieder Sonderurlaub bekommen“, verkündete Margot ihrer kleinen Schwester. Anna riss die Augen auf.

„Wann ist denn Samstag? Wie oft muss ich noch schlafen?“

„Wenn du mittags auch schläfst, noch viermal. Wenn nicht, musst du noch zweimal schlafen“, neckte Margot sie. „In zwei Tagen ist Samstag.“

Vater wurde von den Kindern stürmisch begrüßt. Doch Margot fand, dass er müde aussah. Trotzdem gab er sich Mühe, humorvoll mit seinen Töchtern umzugehen.

Es wurde ein richtig schöner Abend, wie Anna begeistert feststellte. Ihr Vater spielte tatsächlich sogar Verstecken mit ihnen. Er hatte größte Schwierigkeiten, Anna aufzuspüren, obgleich sie es ihm – wie sie meinte – schon recht leicht machte. Beim letzten Versteckspiel spürte sie Margot schnell hinter der Zimmertür auf. Doch wo war ihr Vater?

Plötzlich entdeckte sie zu ihrem Entzücken auf dem Fensterbrett zwei Schuhspitzen unter dem Vorhang. Sie riss den Vorhang zur Seite und Vater sprang lachend herunter.

Anschließend saßen sie noch mit Familie Beuchle gemütlich beim Abendessen zusammen. Die Mädchen hatten viel zu erzählen. Als Annas Augen immer kleiner wurden, schickte Vater sie mit den Worten zu Bett: „Geh jetzt schlafen! Ich sehe nachher nochmal nach dir. Wir müssen morgen früh aufstehen.“

Als Margot sagte: „Ich gehe auch schlafen“, gab Anna sofort den Versuch auf, noch um etwas Zeit zum Aufbleiben zu feilschen. Von ihrem Bett aus flüsterte sie der Schwester zu: „Es war schön hier, nicht? Aber zu Hause ohne Mutti …!“

„Sag jetzt nicht mehr“, murmelte Margot.

Auf der Heimfahrt mit der Eisenbahn fügte es sich gut, dass sie eine lange Strecke allein im Zugabteil saßen. Vater legte seine Arme zu beiden Seiten um seine Töchter und sie schmiegten sich eng an ihn. Während Anna munter drauflosplapperte, schaute Margot den Vater immer wieder forschend an. Irgendetwas stimmte nicht mit ihm. Er bemerkte die Blicke seiner Ältesten.

„Wie kommt es eigentlich, dass du wieder Urlaub bekommen hast?"

„Ich muss euch etwas sehr Trauriges sagen", begann er.

Margot richtete sich steif auf. Ihre Hände zitterten leicht. Was würden sie nun wieder erfahren?

„Eure kleine Schwester Gisela ist tot! Tante Tinchen hat sie morgens in ihrem Bettchen gefunden. Das kleine Wesen hat einfach aufgehört zu atmen", murmelte er mit versagender Stimme.

Die Kinder blickten ihn mit weißen Gesichtern stumm an.

Margot schluchzte auf: „Aber warum?"

Anna dachte an das winzige Baby, das sie nur einmal gesehen hatte. Sie barg ihr Gesicht an Vaters Jackenärmel.

„Bleibst du jetzt bei uns?", flüsterte sie.

„Nur für kurze Zeit", antwortete er leise. „Du weißt doch, dass Krieg ist."

Anna schloss die tränenden Augen und ließ sich von dem gleichmäßigen Fahrgeräusch des Zuges einlullen.

Straßenspiele

Die Siebengebirgsallee mit ihren stattlichen Ahornbäumen zog sich in einem langen Bogen von der Hauptverkehrsstraße Luxemburger Straße bis zum Klettenbergpark, wo sie wieder an dieser Luxemburger Straße endete. Im ersten Drittel säumten 3- bis 4-stöckige Jugendstilhäuser die Siebengebirgsallee. Nachdem sie den Klettenberggürtel überquert hatte, wurden die Häuser niedriger. Ab der sie querenden Oelbergstraße gab es nur noch Einfamilienhäuser. Jedes dieser Häuser hatte seine eigene Bauweise und deshalb auch seine eigene Note. Drei Häuser neben Annas Elternhaus befand sich in einem dreistöckigen Eckhaus die Bäkkerei Esser. Davor erweiterte sich der Bürgersteig zu einem großen Vorplatz. Hier war der Treffpunkt der Kinder und Jugendlichen, genannt „Essers Ecke".

Margots erste Flirtversuche mit den Nachbarjungen fanden dort statt. Ihr besonderer Schwarm hieß Walter, ein hübscher, dunkelblonder Junge. Immerhin hatte sie mit Walter schon eine Sonntagnachmittags-Filmvorführung besucht mit verstohlenem Händchenhalten und wildem Herzklopfen. Allerdings hatte sie Anna mitnehmen müssen, was sie zwar zähneknirschend, aber gehorsam getan hatte.

In diesen Tagen schickte sie Anna hin und wieder zu Essers Ecke mit dem Auftrag: „Hör mal, ob die Jungen etwas über mich sagen!"

Doch Anna konnte zum Ärger der Schwester nie etwas in Erfahrung bringen. Zumeist vergaß sie auch ihren Auftrag, weil sie von den Nachbarskindern oft aufgefordert wurde, ein Spiel mitzumachen. Es gab so herrliche Spiele, wie Verstecken, Nachlaufen, mit Klickern und Murmeln Wettspiele auf dem Sandboden zwischen den Bäumen machen, Seilspringen oder Hüpfekästchen. Ein Geschicklichkeitsspiel mit dem Ball hieß „Pröbchen", bei dem mit Kopf, Arm, Knie, Fuß usw. der Ball bis zehn gegen die

Wand geworfen und wieder mit demselben Körperteil aufgefangen werden musste, ohne dass er auf die Erde fallen durfte. Das war schwierig und Anna musste oft aus dem Spiel ausscheiden. Und wenn die größeren Kinder „Völkerball“ spielten, wurde Anna stets mit den Worten: „Du bist noch zu klein“, von ihnen zurückgewiesen. Das ärgerte sie sehr. Wenn Margot mit dabei war, rief diese oft: „Lasst sie doch mitspielen!“ Aber ein Junge namens Karl scheuchte sie jedes Mal unerbittlich aus dem Spielfeld.

Mit ihrer Schulbanknachbarin hatte sich eine zaghafte Freundschaft entwickelt. Da sie mit ihrer Lehrerin ein gutes Stück desselben Heimwegs von der Schule hatten, wetteiferten Anna und Marga darum, ihr die Tasche zu tragen, bis diese die Tasche lächelnd wieder an sich nahm.

Fräulein Schunk wurde, wie alle Lehrerinnen, ob verheiratet oder nicht, von den Schülern nur „Fräulein“ gerufen. Anna hatte rasch herausgefunden, dass es eine wirksame Hilfe gegen freche Jungens war, damit zu drohen: „Wenn du mir etwas tust, sage ich es dem Fräulein.“

Obwohl es schien, dass Marga dem Unterricht aufmerksam folgte, kam es immer wieder vor, dass sie an Annas Haustür klingelte, um zu fragen, was sie für Hausaufgaben zu machen hätten. Außerdem hatte sie ein Auge auf Annas großrädriges Dreirad geworfen. Doch konnte sich Anna nicht überwinden, ein anderes Kind auf ihrem blitzenden Rad fahren zu lassen. Dafür schlug sie Marga dann vor, im Garten auf ihrer Schaukel zu schaukeln.

Die beiden Birnbäume, eine Frühbirne mit Namen „Schöne Berta“ und eine Winterbirne, sowie die zwei Apfelbäume im Garten trugen wieder ihre köstlichen Früchte. Jedoch rationierte Großvater in diesem Kriegsjahr, in dem die Lebensmittel knapper wurden, auch das Obst im Garten. Seinen Enkelinnen verbot er streng, Äpfel oder Birnen „einfach so“ zu pflücken: „Die habe ich alle gezählt!“

Anna glaubte das und hielt sich daran. Nicht so ihre große Schwester.

„Das ist Quatsch! Äpfel an einem Baum kann man gar nicht zählen!", sagte sie zu Anna und pflückte trotzdem die Früchte, wenn niemand hinsah, für sich und die kleine Schwester.

An einem anderen Tag schlug Margot vor: „Komm, wir machen uns heimlich Bonbons!"

Das war natürlich nur möglich, wenn die Oma auch nicht im Hause war. Bonbons konnten die Kinder ja nur mit dem knappen Zucker, den es auf Lebensmittelmarken gab, herstellen. Er wurde auf dem Herd in der Pfanne geschmolzen. Anna sagte ängstlich: „Wenn die Oma oder Tante Ija aber merken, dass Zucker fehlt!"

Darüber sah Margot großzügig hinweg. „Es merkt schon keiner etwas."

Nachdem der Zucker sich in der Pfanne in eine glasharte, braune Platte verwandelt hatte, bekam jede von ihnen ein Stück, an dem sie vergnügt herumlutschte. Margot beseitigte umsichtig die Spuren der „Bonbonherstellung" und wedelte den Geruch und den Qualm mit einem Küchenhandtuch zum offenen Fenster hinaus.

Obgleich Margot ihre Schwester sehr liebte, versuchte sie doch immer wieder, sie etwas eigennützig unter Druck zu setzen, für ihre Zwecke einzuspannen und auch auszunutzen. Als Druckmittel Anna gegenüber, wenn diese ihr einmal nicht gehorchen wollte, genügte der eine Satz: „Das werde ich mir merken!"

Das spielte sich meistens etwa so ab: „Hol mir mal meine Jakke von oben!"

Anna: „Hol sie dir doch selber!"

Margot, in gekränktem Ton: „Na gut! Lass nur! Das werde ich mir aber merken!"

Was sich so richtig hinter dieser Redewendung verbarg, war Anna nicht ganz klar. Aber sie bereitete ihr solches Unbehagen, dass sie dann doch den Auftrag ihrer Schwester ausführte.

Von Zeit zu Zeit fuhr die Großmutter mit der Straßenbahn nach Köln-Kalk, dem rechtsrheinischen Kölner Stadtteil und der Seite des Rheins, die von den Kölnern spöttisch die „schäl Sick“ genannt wurde. Dort hatte die Oma die meiste Zeit ihres Lebens mit ihrer Familie gewohnt und es zog sie immer wieder in das vertraute Stadtviertel. Außer dass sie Besuche bei Verwandten und Freunden machte, suchte sie auch stets die Gemischtwarenhandlung Krings auf. Als alte Kundin ergatterte sie dort neben den Lebensmitteln, die es nur auf Lebensmittelkarten gab, oft auch den einen oder anderen raren Artikel, den Frau Krings unter der Theke hervorholte und mit den leisen Worten: „Weil Sie et sinn“, hinüberschob.

Margot und Anna begleiteten die Oma ab und zu nach Kalk. Auch sie kannten dort von früheren Besuchen bei der Oma viele Kinder, die sie auf der Straße stets mit großem Hallo empfingen.

Zu dem Programm der beiden Mädchen gehörte ein kurzer Besuch bei der 92-jährigen Mutter ihrer Großmutter.

„Komm, wir gehen zur alten Oma“, sagte Margot dann, „da kriegen wir ‚Kommode-Plätzchen‘.“

Die beiden mussten oft den Klingelknopf betätigen, weil die „alte Oma“ recht schwerhörig war. Sie lebte mit einer weiteren Tochter, die sie betreute, auf der dritten Etage eines alten Mietshauses. In der Dreizimmerwohnung mit den hohen Decken war es meistens kühl; geheizt wurde im Winter nur in der Wohnküche. Die Holzböden unter dem geblümten Linoleumteppich knarrten bei jedem Schritt. Der „alten Oma“ sah man immer die Freude über den Besuch der Kinder an, wenn sie sie auch des Öfteren mit anderen Kindern verwechselte und mit falschem Namen anredete. Die Unterhaltung zwischen den dreien war etwas mühsam, vor allem wegen der Schwerhörigkeit der Uroma. Doch wenn Margot und Anna im „guten Zimmer“ auf den Stuhlkanten Platz genommen hatten, kam der erwartete Moment. Die alte Oma ging mit kleinen, schlurfenden Schritten zur Kommode, holte eine

Blechbüchse heraus und bot den Kindern Plätzchen an, die einen etwas muffigen Geruch und Geschmack hatten, weshalb sie von Margot „Kommode-Plätzchen“ getauft worden waren. Kurz darauf verabschiedeten sich die beiden artig, und die Oma strich ihren Urenkelinnen zum Abschied mit ihrer zitternden Greisenhand liebevoll übers Haar.

Nicht weit von der Uroma lebte Oma Halft, die Mutter von Annas und Margots Mutter. Oma Halft mochten die beiden besonders gern. Sie war eine korpulente, sehr warmherzige Frau. Oma Halft hatte ihren Mann schon früh durch einen Arbeitsunfall verloren. Es war für sie sehr schwierig gewesen, ihre vier Kinder, drei Töchter und einen Sohn, alleine aufzuziehen. Das war nur möglich gewesen durch die Hilfe und Unterstützung der zahlreich in Kalk lebenden Sippe.

Eines Tages erreichte sie die Schreckensnachricht, dass ihr einziger Sohn Heinrich an der Front gefallen sei. Als dann noch ihre schöne Tochter Änne so früh starb, waren das für sie Schicksalsschläge, die sie nie verwinden konnte.

Wenn Margot und Anna Oma Halft besuchten und sie die Kinder herzlich an sich drückte, durchfuhr Anna, besonders nach dem Tod ihrer Mutter, ein starkes Gefühl von Geborgenheit und Wärme.

Der Krieg rückt näher

An die Rationierung der Lebensmittel, daran, dass es vieles nur noch auf Lebensmittel- oder Kleiderkarte gab, an die strengen Verdunklungsmaßnahmen der Häuser hatten sich die Menschen gewöhnen müssen. Doch inzwischen waren die Schrecken des Krieges hautnah herangerückt. Die Bevölkerung der nebeneinander liegenden Kölner Vororte Klettenberg, Sülz und Lindenthal hatte bereits im vorangegangenen Winter zwei englische Fliegerangriffe mit Luftminen und Sprengbomben erlebt, die glimpflich verlaufen waren. 1941 jedoch begannen zahlreiche Fliegerangriffe auf Köln, von denen auch Klettenberg schwer betroffen war. Während die Erwachsenen über die Ereignisse mit großer Angst und besorgten Mienen sprachen und in den Häusern Luftschutzkeller mit Durchgängen zu den Nachbarhäusern eingerichtet wurden, fand Anna alles zunächst einmal nur äußerst interessant und aufregend. Mit Gernot, einem Nachbarjungen, lief sie zur Luxemburger Straße. Staunend standen sie vor einem tiefen Bombentrichter. Durch die Wucht der Explosion war die Straßenbahnschiene auf viele Meter aus der Straße gerissen worden. Sie ragte in einem hohen Bogen in die Luft. Einige mehrgeschossige Häuser waren schwer beschädigt. Bei zwei Häusern war ein Teil der Frontwand weggesprengt.

„Guck mal, Gernot, da kann man in die Wohnungen sehen", rief Anna und zeigte auf die beschädigten Häuser.

„Komm, wir sammeln Bombensplitter", schlug Gernot vor.

In kurzer Zeit fanden sie mehrere bizarr geformte Eisenstücke und trugen sie nach Hause.

„Ich hole mir rasch einen Karton", sagte Anna.

Das Bombensplittersammeln entwickelte sich in der nächsten Zeit zu einem neuen Spiel unter den Kindern der Nachbarschaft. Sie verglichen und tauschten die abgesprengten Teile der gefährlichen Waffen, wie sie es auch mit den Glanzbildern taten, auf denen liebliche Engel, bunte Blumensträuße, weiße Tauben mit Blumenranken in den Schnäbeln oder auch süß lächelnde Liebespaare zu sehen waren.

Zwei Häuser weiter rechts neben Annas Elternhaus wohnte ein junges Ehepaar. Die nette junge Frau wechselte stets im Vorbeigehen mit Anna ein paar freundliche Worte. Ab und zu schenkte sie ihr auch schon mal fünf Pfennige, für die Anna sich beim Bäcker sogenannte „Spinnknöpp" kaufte. Die kleine Süßigkeit bestand aus einer Masse, die zuerst gekaut, dann zwischen den Daumen und den Zeigefingern der beiden Hände geknetet und zu einem Faden langgezogen wurde. Wenn der Spinnknopp endlich gegessen wurde, sah er schon reichlich schmuddelig aus. Auch Salmiakpastillen liebte sie sehr. Sie wurden mit Spucke auf einen Handrücken geklebt und dann genüsslich abgeleckt.

Von einem auf den anderen Tag jedoch verschwanden diese Nachbarn. Anna hörte, wie ihre Oma der Tante Ija eines Abends etwas berichtete, was sie nicht verstand: „Die armen Rosenbaums sind abgeholt worden."

Anna fragte neugierig: „Warum denn?"

„Das waren Juden", antwortete Tante Ija leise.

„Was sind denn Juden?", wollte Anna wissen. „Wieso sind Rosenbaums abgeholt worden? Und von wem?"

Doch das Gesicht ihrer Tante wurde verschlossen. „Das verstehst du noch nicht", eine Antwort, die Anna von den Erwachsenen oft zu hören bekam.

Erst Tage später wurde sie wieder daran erinnert. An Essers Ecke hatte sie gehört, wie zwei Kinder behaupteten, dass Juden „fremd riechen" würden. Das war ihr bei der verschwundenen Nachbarin nie aufgefallen, wunderte sich Anna.

In die verwaiste Wohnung im Nachbarhaus zog eine Familie mit einem Kind in Annas Alter ein. Ingeburg war ein mageres kleines Mädchen mit schütterem Haar, das die abstehenden Ohren nicht verdecken konnte. Die beiden Mädchen schlossen schnell Freundschaft und Anna erzählte zu Hause: „Ich habe eine neue Freundin. Die ist noch dünner als ich und hat noch dünnere Haare", was mit großer Heiterkeit aufgenommen wurde.

Ingeburg forderte sie bald danach auf, mit in ihre Wohnung zu kommen. Als Anna den Hausflur betrat, holte sie durch die Nase tief Luft. ‚Ob es hier nach Juden riecht?', dachte sie. Doch es roch lediglich nach Kohl. Kurz darauf hatte sie es vergessen.

Am Abend fiel ihr die Sache mit dem „Geruch" wieder ein und sie stellte der Großmutter die Frage. Diese sah sie nur sehr ernst an und sagte: „Das ist großer Unsinn! Rosenbaums waren sehr saubere, ordentliche Leute. Liebchen, du musst nicht alles glauben, was die Kinder plappern."

Eine sehr überraschende Nachricht

März 1942 – Anna kam mittags aus der Schule. Auf ihr stürmisches Klingeln an der Haustür öffnete Margot. Doch sie wandte sich nur stumm ab, als Anna ihr mit Empörung in der Stimme von einem Vorfall auf dem Schulhof erzählen wollte.

Oma saß am Küchentisch über ein Schriftstück gebeugt. Es schien ein Brief zu sein. Daneben lag das Foto einer Frau. Anna erkannte Vaters Schrift. Erfreut fragte sie: „Hat Vati auch etwas für mich geschrieben?"

Oma schüttelte den Kopf. Unsicher sah Anna zu ihrer Schwester hinüber, die mit verschränkten Armen am Küchenschrank lehnte. Ihr Gesicht war gerötet und ihre dunklen Augen schossen zornige Blitze.

„Wa-was ist denn?", fragte Anna leise. Oma zog sie auf den Schoß.

„Euer Vater schreibt, dass er vor einiger Zeit eine junge Frau kennen gelernt hat und sie bald heiraten will. So sieht sie aus." Sie deutete auf das Foto.

„Waaas?"

„Der hat sich ja schnell getröstet", platzte Margot zornig heraus. „Mutti ist noch nicht mal ein Jahr tot!"

Anna sah ratlos auf das Foto, das ein lächelndes, junges Gesicht zeigte. „Kommt die Frau denn dann hierhin?"

„Na klar, was denkst du denn. Das ist dann unsere Stiefmutter", stieß Margot giftig hervor. „Sechs Jahre älter ist sie als ich. Soll ich zu der vielleicht Mama sagen?"

„Margot!", rief Oma mahnend. Die warf sich herum und verließ aufschluchzend die Küche.

Ihre Großmutter hielt Anna eng umschlungen und wiegte sie sanft hin und her.

„Wie soll ich dir das erklären, Liebchen? Es muss wieder eine Frau ins Haus, die sich in Zukunft um euch kümmert."

„Aber wir haben doch dich und Tante Ija", begehrte Anna auf.

„Ich bin alt und krank und die Maria muss sich ihr Geld in ihrem Beruf verdienen." Wie zu sich selbst fügte sie leise hinzu: „Aber ich hätte mir doch gewünscht, meine neue Schwiegertochter wäre nicht so sehr jung."

In der nächsten Zeit fand Anna ihre Schwester irgendwie verändert. Sie wurde schnell ungeduldig und bockig. Großmutter hatte ihre liebe Not mit ihr. Tante Ija behauptete mehrmals, Margot hätte hier und da gelogen. Mal zankte Margot mit Anna, dann zog sie sie wieder an sich und drückte sie fest. Den Klavierunterricht hatte sie nach sechs Jahren mit Vaters Erlaubnis vor einem Jahr aufgegeben, weil sie sich ein Akkordeon wünschte. Doch auch das stand nun seit Tagen unberührt in der Ecke. Mit Blitz machte sie lange Spaziergänge im nahe gelegenen Grüngürtel. Und auf einmal interessierte sie sich dafür, den Großvater am Wochenende zu begleiten, wenn er mit Blitz zum Hundetrainingsplatz ging.

Anna sah wohl Margots manchmal vom Weinen gerötete Augen, wenn sie sich unbeobachtet fühlte. Eines Tages fragte sie ihre Schwester besorgt: „Meinst du denn, dass wir nun eine böse Stiefmutter kriegen?"

Margot zuckte mit gespielter Gleichgültigkeit die Schultern: „Weiß nicht! Mal abwarten!" Dann knuffte sie Anna und sagte mit leisem Lächeln: „Aber du hast ja noch mich!"

Im Juli machten sich die Großeltern auf die Reise nach Deutsch Krone, einer Kleinstadt in Pommern, zur Hochzeit ihres Sohnes. Diesmal nahm Tante Ija sich Urlaub, um bei Margot und Anna zu bleiben. Die Kinder hatten Schulferien.

Einige Tage nach dem Hochzeitstag erhielten sie eine kurze schriftliche Nachricht von Vater, mit der er ihnen seine Ankunft, die seiner jungen Frau und der Großeltern für den nächsten Samstag ankündigte.

Als Margot an diesem Tag sofort nach dem Mittagessen das Haus verlassen wollte, sah Tante Ija sie mit hochgezogenen Augenbrauen missbilligend an.

„Sie müssen bald hier sein“, sagte sie.

Doch Margot murmelte: „Der Hund muss unbedingt mal raus!“

Anna saß auf ihrer Schaukel im Garten. Bei jedem Schwung legte sie den Kopf weit in den Nacken und sah zu den kleinen weißen Wolkensegeln hinauf. Ob Mutti sie wirklich vom Himmel aus sah? Oma und Opa hatten ihr dies immer wieder versichert. Der Gedanke war ein großer Trost.

Aber voller Unbehagen dachte sie daran, was nun auf sie zukommen würde. Doch wenn Vater die neue Frau so gut gefiel, dass er sie geheiratet hatte und hierhin nach Hause brachte, dann konnte sie eigentlich keine so böse Stiefmutter sein, überlegte sie. Diesen Begriff kannte Anna ja auch nur aus Märchenbüchern.

Sie sprang von der Schaukel. Oben im Haus waren Stimmen zu hören. Von dem tiefer liegenden Garten führte eine Treppe hinauf zum Wintergarten. Sie hüpfte rasch die Stufen hoch und direkt in Vaters Arme. Er schwenkte sie lachend einmal herum und gab ihr einen herzhaften Kuss.

„Du Fliegengewicht! Ich glaube, du bist wieder ein Stückchen gewachsen.“

Stürmisch begrüßte Anna auch die Großeltern und blieb dann vor einer jungen Frau stehen.

„Tja, mein Kind“, sagte Vater, „das ist nun deine neue Mutter!“

Verlegen und schüchtern gab Anna ihr die Hand und machte einen artigen Knicks. Dann drückte sie sich an die Großmutter, die die Arme um sie legte. Aus dieser Geborgenheit heraus betrachtete sie neugierig die Frau, die von Oma mit „Brigitte“ angeredet wurde.

Die ausdrucksvollen blauen Augen in dem breiten Gesicht mit den hohen Wangenknochen und der kräftigen, geraden Nase sahen Anna während des Gesprächs immer wieder freundlich an. Die vollen Lippen entblößten beim Lächeln schöne Zähne. Anna verglich das gekrauste dunkelblonde Haar mit Muttis schönem, lockigem schwarzen Haar. Eins stand nach dieser Inaugenscheinnahme für sie fest: Mutti war viel hübscher gewesen.

Vaters kurzer Heiratsurlaub war bald zu Ende. Er musste wieder zurück zu seiner Kompanie nach Pommern. Er erzählte seinen Töchtern, dass er von seinem Kompaniechef, der seinen Namen vom Rundfunk und seinen Schallplatten her kannte, aufgefordert worden war, eine Musikkapelle zusammenzustellen. Und so war Vaters Hauptaufgabe im Krieg die musikalische Truppenbetreuung. Seine Geige, sein Gesang, sein musikalisches Können sollten ihn denn auch in den folgenden schrecklichen Kriegsjahren vor den gefährlichsten Einsätzen an der Front, in den Schützengräben, bewahren.

Obgleich sich Brigitte in der nächsten Zeit sehr bemühte, das Vertrauen der Kinder, der Schwiegereltern und Schwägerin zu gewinnen, herrschte doch auch zwischen den Erwachsenen eine kühle Atmosphäre vor. Anna vermied konstant eine direkte Anrede. Und Margot wich jedem Gespräch mit dem neuen Familienmitglied einsilbig aus. Doch ein Vorfall machte deutlich, wie es in ihrem Inneren aussah: Als Brigitte eines Tages eine Schublade des Wohnzimmerschrankes öffnete, schob Margot sie mit einem heftigen Stoß und den Worten zu: „Das gehört meiner Mutter!“

Brigittes Gesicht lief rot an, doch sie wandte sich stumm ab.

Blitz

„Opa, mit Blitz stimmt etwas nicht“, sagte Margot beunruhigt beim Abendessen.

Großvater sah sie aufmerksam an. „Er war doch gestern noch sehr munter.“

„Ja, aber heute hat er sein Futter nicht angerührt und seine Nase ist ganz trocken.“

„Und er hat auch gekotzt!“, rief Anna aufgeregt. Bei dem letzten Wort hob Brigitte die schmal gezupften Augenbrauen und sah Anna verweisend an. Sie legte größten Wert auf eine kultivierte Sprache und korrigierte vor allem Anna immer, wenn sie sich nicht korrekt ausdrückte oder „in dieses ordinäre Kölsch“ verfiel.

Großvater war beunruhigt. „Ich sehe ihn mir gleich einmal an.“

Der Hund machte wirklich einen kranken Eindruck. Er lag im Zwinger apathisch auf der Seite und die ganze Familie stand drumherum.

„Was sollen wir bloß tun?“, jammerte Margot. „Opa, ruf doch bitte einen Tierarzt.“

Großvater wiegte bedauernd den Kopf hin und her. „Unser Tierarzt Dr. Vieten ist Soldat, und die nächste Tierärztin hat ihre Praxis in Lindenthal, soviel ich weiß. Aber ich versuche mal, sie telefonisch zu erreichen.“

Doch das gelang an diesem Abend nicht mehr. Großmutter versuchte Blitz Kamillentee einzuflößen. Sein Leib war aufgedunsen.

„Ich glaube, er hat etwas gefressen, das vergiftet war“, sagte sie traurig.

Margot bestand hartnäckig darauf, die Nacht bei Blitz im Zwinger zu verbringen. Brigitte brachte ihr Kissen und Decken und auch eine Decke für den schwer kranken Hund.

Als Großvater sehr früh am Morgen nach den beiden sah, schlief seine Enkelin eng an ihren vierbeinigen Freund geschmiegt. Aber Blitz war tot.

Bombennächte

Während der zweiten Hälfte des Jahres 1942 nahmen die Bombenangriffe auf Köln etwas ab. Es trat eine trügerische Ruhe ein. Bei den wenigen Angriffen blieb Klettenberg verschont.

Das Weihnachtsfest, der Heilige Abend 1942, ließ die Familie näher zusammenrücken. Großvater hielt in einer Kammer zum Garten hin einige Kaninchen. Anna musste in der warmen Jahreszeit täglich einen Korb voll Löwenzahn als Futter suchen gehen. Nun schlachtete Opa zum Weihnachtsfest ein Kaninchen, damit die Familie einen Festtagsbraten hatte. Es wurden kleine Geschenke ausgetauscht. Anna schenkte ihrer Oma ein Paket Streichhölzer und ließ sich von ihr mehrmals versichern, dass sie die Zündhölzer sehr gut gebrauchen könne. Brigitte hatte für Anna aus Filz eine warme Mütze genäht, die über die Ohren ging und unter dem Kinn zusammengebunden wurde. Die Mütze endete in einer herunterbaumelnden Spitze und war hübsch bunt bestickt. Sie passte Anna sehr gut, doch fand sie sie insgeheim „komisch". Wenn sie in der folgenden Zeit nach draußen ging, zog sie stets ihre alte Strickmütze an.

„Sag mal, Anna, warum ziehst du eigentlich nicht deine neue Mütze an?", fragte Brigitte sie eines Tages. „Gefällt sie dir denn nicht? Ich habe mir viel Mühe damit gegeben."

Anna wand sich verlegen. „Doch, aber … sie sieht so fremd aus. Vielleicht lachen mich die Kinder damit aus."

Brigitte schien enttäuscht. Das tat Anna leid, doch die Mütze blieb im Schrank.

Bald nach Beginn des Jahres 1943 wurden die Luftangriffe auf Köln wieder häufiger. Sobald die Sirenen ertönten, was zumeist abends oder in der Nacht geschah, lief jeder, der sich im Haus aufhielt, rasch hinunter in den kleinen Luftschutzkeller. Für jedes Familienmitglied stand ein kleiner Notkoffer mit den nötigsten Anziehsachen, Wertsachen und den wichtigsten Papieren griffbereit. Anna vergaß nie, ihre Puppe Ines und ein Puppenköfferchen mit in den Keller zu nehmen.

Obgleich Brigitte aus Deutsch Krone gar keine Luftangriffe gewöhnt war, hatte sie von den Familienmitgliedern die stärksten Nerven. Margot, Anna und die Großeltern saßen meistens eng aneinandergedrückt mit bleichen, angstvollen Gesichtern in dem kleinen Raum. Doch Tante Ija wimmerte unaufhörlich vor sich hin und schrie laut auf, wenn das unheimliche Pfeifen einer heruntersausenden Bombe oder die laute Detonation eines Sprengkörpers zu hören waren. Margot hielt sich dann verzweifelt die Ohren zu und Anna weinte vor Angst und Schrecken, bis Brigitte sie tröstend in die Arme nahm und die Schwägerin barsch anfuhr: „Nimm dich doch zusammen, Maria! Du machst uns noch zusätzlich verrückt mit deinem Geschrei!"

Die gemeinsam erlittenen gefahrvollen Stunden ließen aber zumindest Brigitte und die beiden Mädchen einander näher kommen. Und jedesmal sahen sich alle froh an, wenn der laute Ton der Sirene zu hören war, womit Entwarnung gegeben wurde.

Wieder einmal saß die Familie zusammengedrängt in dem niedrigen, kleinen Luftschutzkeller.

„Das scheint heute ein besonders schwerer Luftangriff zu sein", stellte Großvater mit bedenklicher Miene fest. Er strich sich sorgenvoll über seine auch jetzt sorgsam über der Stirn hochgebürstete Haartolle und den grauen Schnurrbart. Großmutter betete leise mit aneinander gepressten Händen. Das Sirren der Bomben und die Detonationen schien gefährlich nahe zu sein. Plötzlich ließ ein gewaltiger, dumpfer Schlag das Haus erzittern. Mörtel rieselte von den Wänden. Danach Stille! Alle saßen wie gelähmt da. Im Gang vom Durchbruch zum Nachbarn waren Rufe zu hören. Margot sprang auf und öffnete die eiserne Kellertür. Der Nachbar, Herr Lefevre, ein ungewöhnlich blasser, hohläugiger

Mann, steckte den Kopf durch die Öffnung, die im Notfall den Fluchtweg zum nächsten Haus bot.

„Alles in Ordnung?“

„Ja, zum Glück! Bei Ihnen auch?“, gab Großvater zurück.

„Es muss aber ganz in der Nähe eine schwere Bombe heruntergekommen sein“, mutmaßte der Nachbar. „Hoffentlich gibt es oben keine Schäden an den Häusern.“

Als Brigitte mit den beiden Mädchen nach der Entwarnung das Wohnzimmer betrat, blieben sie erschrocken stehen. Die großen Fensterscheiben zur Straße und zum Garten lagen zersplittert auf dem Boden. Die Lampe hing schief von der Decke. Aus den offen stehenden Schränken waren Teile des Porzellans herausgefallen.

„So ein Mist“, schimpfte Margot und sah Brigitte an. „Da hätten wir uns den Hausputz heute aber sparen können.“

Brigitte hob resigniert die Schultern. „Das sind Sachen, die man ersetzen kann. Wir wollen froh sein, dass uns nichts passiert ist.“

Am nächsten Morgen, es war Sonntag, klingelte es sehr früh an der Haustür. Anna schaute verschlafen aus dem Kinderzimmerfenster im ersten Stock. Unten stand ihre Freundin Ingeburg.

„Was ist los? Was willst du?“, maunzte sie. „Bei uns schlafen noch alle.“

„Du musst unbedingt rauskommen! Vor dem Haus gegenüber ist gestern Abend eine schwere Bombe im Vorgarten eingeschlagen.“

Im Nu war Anna hellwach. „Warte! Ich komme!“

Sie zog sich rasch an und huschte die Treppe hinunter. Die Haustür ließ sie einen Spalt offen. Die beiden Kinder liefen über die Straße. Doch sie waren trotz der frühen Morgenstunde nicht die Einzigen, die die Einschlagstelle beklommen bestaunten. Es hatten sich zahlreiche Erwachsene eingefunden, die die schlimmen Ereignisse der vergangenen Nacht besprachen.

„Wenn diese Bombe in das Haus eingeschlagen wäre, würde hier ringsum kein Haus mehr stehen“, meinte ein älterer Mann.

„Jaja, die ist tief in die Erde eingedrungen und deshalb nicht explodiert“, stimmte eine Frau ihm zu.

„In der Innenstadt, aber auch in den Vororten ist vieles zerstört. Es soll auch Tote und Verschüttete gegeben haben“, wusste eine andere.

„Es fragt sich, wann wir ‚dran‘ sind“, brummte ein alter Mann. „Der Tommy hat die Front jetzt scheinbar hierher zur Zivilbevölkerung verlegt.“

„Komm, wir gehen.“ Anna zog Ingeburg am Ärmel. Ihr war sehr unbehaglich zu Mute.

„Oh, sieh mal, was für tolle Bombensplitter hier herumliegen“, sagte Ingeburg.

„Ich sammle die fiesen Dinger nicht mehr. Ich mag sie nicht mehr“, antwortete Anna grimmig.

Dieser schwere Bombenangriff, die Welle der Zerstörung, bewegte die Erwachsenen der Familie zu dem Entschluss, ab sofort bei einem weiteren Angriff einen Bunker in der Nähe aufzusuchen, der mehr Sicherheit bot.

Der nächste Bunker befand sich auf dem Klettenberggürtel, ungefähr 200 Meter entfernt, unter einem Wohnblock.

Großvater stellte fest, dass bereits einige Zeit vor dem offiziellen Alarm, der die Sirenen aufheulen ließ, die Lichter der Bahnanlage erloschen, ein Zeichen für das baldige Herannahen der feindlichen Flieger.

Brigitte schlug deshalb vor, dass Anna sich abwechselnd mit Margot abends in Tante Ijas Zimmer im ersten Stock ans Fenster setzen sollte. Es wurde ihr auch zum wiederholten Mal eingeschärft, keine Lampe anzuknipsen, weil für alle Häuser strengste Verdunklungsanordnungen bestanden. Vom Fenster aus konnte man über die Hausgärten und eine weitläufige Schrebergartenanlage hinweg die Positionslichter der Gleisanlagen des Güterbahnhofs Köln-Eifeltor sehen.

Zu anderen Zeiten ging Anna gerne in Tante Ijas Zimmer. Es war penibel sauber und duftete immer nach 4711 oder Tosca, einem etwas süßlich riechenden Parfum. Wenn Tante Ija den Wäscheschrank öffnete, entströmte ihm leichter Lavendelduft. Die Handtücher und Taschentücher waren mit rosa Bändchen sorgsam zu geraden Stößen zusammengebunden. Margot hatte Anna einmal spöttisch zugeflüstert: „An Tante Ijas Wäsche kann man glatt vorbeischießen."

Doch jetzt war Anna sich ihrer verantwortungsvollen Aufgabe bewusst, obgleich sie oft mit dem Schlaf kämpfte und dann froh war, wenn Margot sie ablöste und ins Bett scheuchte. Bevor Anna sich auf ihren Wachposten hockte, zog sie sich mehrere Kleidungsstücke übereinander, um im Ernstfall möglichst mehrere Kleidungsstücke retten zu können. Das hatte Oma ihr so befohlen.

Es war ein regnerischer Tag gewesen. Die Abenddämmerung sank deshalb etwas früher herab.

„Die Lichter sind aus", schrie Anna plötzlich aus Leibeskräften durch das Haus.

Sie schnappte sich ihre Puppe und das kleine Puppenköfferchen und lief hastig die Treppe hinunter. Die Türen von Wohnzimmer und Küche flogen auf und die anderen kamen eilig im Flur zusammen.

„Gut gemacht, Wachtposten!", lobte Opa seine kleine Enkelin. Jeder griff rasch seine bereitgestellten Sachen, und sie gingen, so schnell sie konnten, die Siebengebirgsallee entlang dem Luftschutzbunker zu.

Sie waren nicht alleine auf der Straße. Mit ihnen strebten auch andere Nachbarn der sicheren Zuflucht zu. Sie hatten bereits die Hälfte des Weges zurückgelegt, als erst die Sirenen ihre schauerliche Warnung in den Abend heulten.

Großvater stemmte die schwere Eingangstür zum Bunker auf. Der Schutzkeller war unterteilt in Gänge und mehrere unterschiedlich große Räume, die schwach erhellt waren. Es hatten sich schon viele Menschen mit Taschen und Koffern eingefunden. Weitere kamen dazu. Der Blockwart am Eingang wies sie an, durchzugehen und sich einen Platz zu suchen. Er zupfte Anna am Ohrläppchen und fragte freundlich: „Na, hast du schon geschlafen?“

„Ich habe mit einem Auge ein bisschen geduselt“, anwortete sie, was bei den Umstehenden Heiterkeit auslöste.

Anna musterte ihre Umgebung. An der kahlen, grauen Wand klebte ein Plakat, auf dem eine unheimlich aussehende menschliche Gestalt mit dunklem Mantel und schwarzem Hut zu sehen war. Dazu in großer Schrift die Worte: „Pst! Feind hört mit!“

Die Menschen saßen bleich und schweigend auf ihren Sitzen. Nur gelegentliches Flüstern war zu vernehmen. Dann hörte man auch schon, gedämpft durch die dicken Bunkerwände, das dröhnende Geräusch von Flugzeugen und dumpfe Bombeneinschläge.

Anna gegenüber saß eine blasse Frau, um die Haare eine Art Turban geschlungen, mit einem kleinen Jungen. Sie flüsterte ihrer Nachbarin zu: „Es hört sich an wie ein ganzes Flugzeuggeschwader. Hoffentlich werfen sie keinen Bombenteppich auf Köln.“

Anna wandte sich leise an ihre Großmutter: „Was ist ein Bombenteppich?“

„Wenn viele Flugzeuge auf einmal ihre Bomben abwerfen.“

Es waren jedes Mal bange Momente, wenn die Familie nach der Entwarnung ihrem Haus zustrebte. Würde es noch unversehrt dort stehen oder in Schutt und Asche liegen? Doch noch blieb ihr Heim verschont.

Kinderlandverschickung

In Köln begannen die ersten Massenevakuierungen wegen der ungeheuren Welle von Zerstörung und Leid.

Eines Tages kam ein Brief von der Behörde, der die Evakuierung der Kölner Kinder in Gebiete in Deutschland ankündigte, wo die Gefahr von Bombenangriffen nicht oder weniger gegeben war.

Am Abend saßen Margot und Anna mit den vier Erwachsenen bedrückt beim Essen in der Küche. Brigitte und Tante Ija bemühten sich, Anna die Notwendigkeit der Trennung zu erklären.

„Es ist hier einfach zu gefährlich geworden“, sagte Brigitte mitfühlend. „In dem Schreiben steht, dass du mit einem Transport nach Sachsen kommst. Dort bist du vor Bomben in Sicherheit.“

„Du musst das wie einen Ferienaufenthalt ansehen“, fügte Tante Ija hinzu.

Anna begann haltlos zu schluchzen: „Ich will aber nicht ganz alleine wegfahren! Warum kommt Margot denn nicht mit?“

„Schäfchen, du bist doch nicht alleine. Ein ganzer Zug voller Kinder fährt dorthin.“ Oma strich ihr über die Haare. „Margot ist doch schon 14. Sie gehört nicht dazu.“ „Und ihr?“

„Ich werde erst nächstes Jahr pensioniert, und Tante Ija kann auch nicht einfach ihre Arbeitsstelle verlassen“, erklärte ihr der Großvater.

Anna richtete ihre verheulten Augen auf Brigitte und Margot.

„Wenn du weg bist, werde ich mit Margot zu meiner Mutter nach Deutsch Krone fahren. Dort ist bis jetzt noch keine einzige Bombe gefallen. Und nach deinem Aufenthalt in Sachsen kommst du dann zu uns“, sagte Brigitte weich.

Großmutter zog Anna auf ihren Schoß und wiegte sie sanft, wie es ihre Art war: „Weißt du, Anna, ich muss in nächster Zeit wieder ins Krankenhaus. Ich werde am Magen operiert. Da weiß ich wenigstens, dass ihr in Sicherheit seid.“

Anna befreite sich aus ihren Armen und sah sie erschrocken an. „Ist das gefährlich?"

„Mach dir keine Sorgen", antwortete die Oma ausweichend und fuhr munter fort: „Sobald ich deine Adresse in Sachsen habe, schreibe ich dir einen langen Brief, einverstanden?"

An diesem Abend kroch Anna nach langer Zeit wieder einmal zu ihrer Schwester ins Bett. „Kann ich bei dir schlafen? Ich habe so Angst."

Annas Abreise stand bevor. Sie hatte sich inzwischen mit dem Gedanken an die Trennung von der Familie etwas vertraut gemacht und löcherte alle mit Fragen: „Wie lange dauert denn die Zugfahrt?" – „Wie heißt der Ort, wo ich hinkomme?" – „Wo wohne ich da eigentlich?" – „Wann komme ich denn wieder zu euch?"

Doch diese Fragen konnte niemand genau beantworten. Ganz wichtig war für sie die Mitnahme ihrer großen Puppe Ines.

An einem frühen, regnerischen Abend im April schlug die Stunde des Abschieds. Tante Ija herzte und küsste ihre kleine Nichte und überschüttete sie mit zahlreichen Verhaltensmaßregeln. Anna sog noch einmal den Duft von Tosca ein, der von der Tante ausging. Dann ließ sie sich von Großvater umarmen und drücken. Die beiden blieben zu Hause.

„Du warst ja immer mein Liebchen; nun sei mein tapferes Mädchen!"

Er rückte gerührt das Schild zurecht, auf dem Annas Name und Adresse standen und das um ihren Hals baumelte.

Großmutter, Brigitte und Margot warteten schon an der Haustüre.

„Es wird Zeit!", mahnte Brigitte.

Die vier gingen die Lohrbergstraße entlang zur Straßenbahnhaltestelle auf der Luxemburger Straße, vorbei an zerstörten Häusern und an Annas Schule, die zwar noch an ihrem Platz stand, deren Mauern jedoch zahlreiche Einschläge von Bombensplittern aufwiesen.

Margot trug Annas kleinen Koffer. Im herabsinkenden Abend sahen sie die dunklen Umrisse der sich nahenden Straßenbahn, an der vorne nur ein schmaler Schlitz beleuchtet war. Außer ihnen waren wenige Fahrgäste in der Bahn.

Die Fahrt ging durch die verdunkelte Stadt über die Rheinbrücke zum Bahnhof in Köln-Deutz. Anna saß, ihre Puppe an sich gedrückt, still auf ihrem Platz, nur ihre Augen wanderten unruhig hin und her.

„Wäre der Transport nicht besser morgens losgefahren?“, fragte Margot mit gedämpfter Stimme.

„Wahrscheinlich ist es nachts sicherer“, vermutete Brigitte.

Am Deutzer Bahnhof zog sie der Strom der vielen aufgeregten Kinder mit Begleitpersonen in Richtung der Bahnsteige. Großmutter und Brigitte hielten Anna fest an den Händen zwischen sich, während Margot mit dem Koffer und Annas Puppe eng hinter ihnen herlief.

Brigitte fragte einen Zugbegleiter: „Wo fährt der Zug nach Zwickau in Sachsen ab?“

Er sah auf einen Plan: „Hier sind Sie falsch. Sie müssen auf den nächsten Bahnsteig.“

Also hasteten sie gegen den Menschenstrom hinüber zu dem bezeichneten Zug, der sich bereits mit vor Abschiedsschmerz heulenden Kindern zu füllen begann. Als sie den richtigen Waggon gefunden hatten, wurde Anna von einer Betreuerin in Schwesterntracht und einem Mädchen in BDM-Uniform in Empfang genommen. Doch sie riss sich noch einmal weinend los und umklammerte ihre Großmutter. Diese drückte und küsste sie und löste sanft Annas Hände. Es sollte das letzte Mal sein, dass sie ihre geliebte Enkelin umarmen konnte.

Auch Brigitte nahm Anna in die Arme und murmelte tröstende Worte. Margot stand mit Koffer und Puppe dabei und starrte die kleine Schwester an. Über ihre Wangen rollten dicke Tränen. Plötzlich stieß sie die Sachen Brigitte in die Hände und die beiden Schwestern lagen sich in den Armen und nahmen Abschied voneinander.

In Crossen an der Mulde

Die Gruppe, der Anna zugeteilt war, wurde von Zwickau aus mit zwei Bussen in die Kleinstadt Crossen an der Mulde transportiert und dort in ein Schulgebäude geführt. Anna trottete völlig übermüdet hinter den anderen Kindern her in einen Klassenraum, wo sie auf den Bänken Platz nahmen.

Eine Frau mittleren Alters mit strengem Knoten hielt eine freundliche Begrüßungsrede und erklärte den Kindern, dass sie nun auf verschiedene Familien aufgeteilt würden. Neben Anna saß ein etwas älteres Mädchen, das ihr mit mäkelnder Stimme zuflüsterte: „Wenn mir die Leute, zu denen ich komme, nicht gefallen, lasse ich mich von meinen Eltern wieder abholen."

Ehe Anna noch verwundert fragen konnte: „Geht das denn?", betrat eine Schar von Erwachsenen den Raum. Sie gingen an den Bankreihen vorbei und betrachteten die Kinder. Neben Anna blieb ein älteres Ehepaar stehen. Mit mitleidigen Blicken umfing es das zarte, blonde Kind mit der großen Puppe im Arm, in dessen blassem, verschmutztem Gesicht Tränen Bahnen hinterlassen hatten.

Die Frau beugte sich hinunter und sah auf das Namensschild.

„Du bist also die Anna!", sagte sie liebenswürdig in breitem Sächsisch. Und zu ihrem Mann gewandt: „Gell, Vatel, die oder keine!"

„Möchtest du denn mit uns kommen?", fragte er freundlich.

Anna nickte müde. Auf den ersten kritischen Blick hin fasste sie Vertrauen zu den beiden. Die grauhaarige Frau hatte ein liebes Gesicht und der Mann trug den gleichen Schnurrbart unter der Nase wie Großvater.

Für Anna begann eine schöne Zeit in dem ländlichen Städtchen. Die Scheibners bewohnten eine geräumige Wohnung in einem altertümlichen Haus. Gleich daneben erstreckten sich ausgedehnte Felder. Anna bezog das ehemalige Jugendzimmer der beiden erwachsenen, verheirateten Töchter.

„Du darfst ruhig mit allen Spielsachen spielen“, ermunterte Tante Scheibner sie. Doch Anna traute sich nicht so recht, die ordentlich aufgereihten Püppchen und Spiele aus dem Regal zu nehmen. Viel lieber ging sie mit Tante und Onkel Scheibner, die beiden hatten ihr diese Anrede vorgeschlagen, in den großen Schrebergarten. Dort gab es eine Schaukel und auch kleine Schaufeln und Rechen, mit denen sie eifrig dem Onkel Scheibner bei der Arbeit half.

Oder sie sprang mit einem Springseil vor dem Haus hin und her. Es dauerte nicht lange, bis sie von den in der Straße wohnenden Kindern als Spielgefährtin aufgenommen wurde. Mit dem ihr fremden sächsischen Dialekt hatte sie nur am Anfang einige Schwierigkeiten. Sie nahm ihn erstaunlich rasch auf und fragte nach kurzer Zeit die Tante Scheibner z. B. nicht mehr nach einem Butterbrot, sondern nach einer „Butterbemme“. Wenn ihr ein Kind frech kam, schrie sie munter zurück: „Halt die Gosch!“

Margot schrieb ihr einen mit kleinen roten Herzen verzierten Brief. Und auch von ihrer Oma traf der versprochene Brief ein. Frau Scheibner half Anna, die in Sütterlinschrift geschriebenen Zeilen zu lesen.

Großmutter hatte sie zwei Tage vor ihrer Magenoperation geschrieben. Doch von sich selbst berichtete sie nicht viel, sondern sie hatte viele Fragen zu Annas Aufenthalt in Crossen.

„Ich bin sehr froh, dass du aus diesem Bombenterror heraus bist, der in Köln wütet. Brigitte und Margot werden auch bald die Stadt verlassen.“

Beide Nachrichten von zu Hause lösten bei Anna starkes Heimweh aus und abends weinte sie sich in den Schlaf.

Eine Woche, nachdem Anna diesen Brief erhalten hatte, nahm Frau Scheibner sie plötzlich mütterlich in die Arme. „Komm, setz dich mal zu mir.“

Anna sah sie verwundert an. „Ist was?“, fragte sie.

„Mädel, deine Oma lebt nicht mehr. Sie hat die Operation nicht überstanden."

„Waaas?" Anna sprang entsetzt auf. Frau Scheibner zeigte bekümmert auf ein Schreiben, auf dem Anna Brigittes Handschrift erkannte.

Sie lief weinend in ihr Zimmer. In einer Ecke saß ihre Puppe Ines, die ihr in letzter Zeit nicht mehr so wichtig gewesen war. Doch jetzt umschlang sie sie heftig, wie ein Stück vertraute Heimat. Schluchzend wischte sie sich die Nase an dem Puppenkleid ab. Während sie die Puppe hin und her wiegte, dachte sie an Margot. Sie hatte ihr einmal gesagt, 13 sei eine Unglückszahl. Und die Hausnummer ihres Elternhauses war 113. Vielleicht war es deshalb ein Unglückshaus. Mutti war gestorben, die kleine Schwester, der Blitz und nun die Oma. Das war doch richtig unheimlich und so traurig.

Frau Scheibner trat leise ins Zimmer und setzte sich neben Anna. Von kleinen Schluchzern unterbrochen, fragte Anna: „Tante Scheibner, wir wohnen zu Hause in Nummer 113. Kann das deshalb ein Unglückshaus sein?"

„Aber nein, Dummerle, Krankheit, Tod und Unglück können in jedem Haus vorkommen, genauso wie Gesundheit, Freude und Glück. Verstehst du das?"

„Ja, aber …"

„Weißt du was? Dein Muttel hat den Brief an mich geschrieben, damit ich es dir erkläre. Und", sie machte eine kleine Pause, „sie hat darin noch etwas mitgeteilt: Sie bekommt in einigen Monaten ein kleines Kindel."

Anna war verwirrt. „Waaas, wie meine Mutter?" Sie zog heftig die Nase hoch.

Frau Scheibner sah sie ernst an: „Mädel, *sie* ist jetzt deine Mutter und du bekommst ein Schwesterle oder Brüderle. Siehst du, so ist es im Leben: Der eine Mensch muss gehen und der andere kommt."

In der Schule

Einige Zeit nach ihrer Ankunft eröffneten Scheibners ihrer kleinen Schutzbefohlenen, dass sie nun auch zur Schule gehen müsse. Sie begleiteten sie am ersten Schultag dorthin. Anna sah sich neugierig das kleine, helle Gebäude an. Auf dem Schulhof erkannte sie unter den Kindern zwei Mädchen aus ihrem Transport, die ihr lebhaft zuwinkten. Das größere Mädchen zog sie zur Seite.

„Wie findest du es hier?"

„Oh, prima!", anwortete Anna. „Ich bin bei ganz lieben Leuten."

„Mir gefällt es überhaupt nicht."

„Warum denn nicht?", fragte Anna verwundert.

„Och, ich bin bei einem Metzger untergebracht. Der und seine Frau sind den ganzen Tag im Geschäft. Abends muss ich Lebensmittelmarken sortieren. Außerdem gibt es oft fettes Fleisch zu essen. Das würge ich nur so runter. Und die meinen noch, sie täten mir was Gutes."

Anna wußte nicht, was sie sagen sollte. Sie wurde erlöst, als ihr Name aufgerufen wurde. Erstaunt stellte sie fest, dass man sie dem zweiten Schuljahr zuwies, welches jetzt nach den Osterferien gerade begann.

„Aber ich komme doch jetzt ins dritte Schuljahr", protestierte sie zaghaft bei der Lehrerin.

„Wie alt bist du denn?" Anna rechnete schnell nach: „Acht Jahre und vier Monate."

„Na ja, es ist nur für eine kurze Zeit. Die andere Klasse ist schon sehr voll", erklärte die Lehrerin. „Setz dich mal auf deinen Platz dahinten."

Anna gab sich in der Folgezeit sehr gelangweilt im Unterricht. Sie fühlte sich erhaben über die ein Jahr jüngeren Mitschüler.

„Das ist alles babyleicht, was die da lernen“, berichtete sie der Tante Scheibner.

Eines interessierte sie aber sehr. Der Hausmeister der Schule betrieb in den Kellerräumen eine Seidenraupenzucht. Die Klasse erhielt dort Anschauungsunterricht und Anna war erstaunt darüber, wie diese Raupen sich entwickelten und sich nach der Verpuppung in trockenen Zweigen zu einem Seidenkokon einspannen.

„Ist das wirklich echte Seide?“ Sie konnte es kaum glauben, dass diese kleinen Tiere so etwas Wertvolles zustande brachten.

In der Nachbarschaft sollte eine Hochzeit stattfinden. Am Tag vorher zogen die Kinder zusammen mit einem Handwagen zu einer nahe gelegenen Sandgrube, in der sich allerlei Unrat angesammelt hatte. Sie suchten mit Feuereifer nach Porzellanscherben und anderen Gegenständen, mit denen sich auf dem Polterabend ordentlich Krach machen ließ. Anna bekam von Frau Scheibner noch zwei angebrochene Teller, die sie bei dem Ereignis mit Vergnügen auf den Scherbenhaufen warf. Es war ein Heidenspaß!

Im offenen Hoftor erschien lachend das Brautpaar und jedes Kind erhielt ein großes Stück Streußelkuchen. Die Kinder waren begeistert.

Besuch auf dem Bauernhof

An einem Sonntagnachmittag wollten die Scheibners Freunde besuchen, die auf dem Lande einen Bauernhof bewirtschafteten. Sie wanderten mit Anna über die stille Landstraße, vorbei an weiten Feldern. Herr Scheibner erklärte ihr, welche Getreidesorten dort im ersten Grün wuchsen. Jedoch dauerte es nicht lange, da fragte Anna: „Ist es noch weit?"

Er lachte: „Wie, bist du etwa schon müde? Aber schau", er zeigte auf ein Gehöft, das geduckt zwischen hohen Bäumen stand, „wir sind wirklich bald da."

Die drei wurden sehr herzlich empfangen. Anna legte ihre anfängliche Schüchternheit bald ab. Nach dem Kaffeetrinken, bei dem sie zwei Stücke Kuchen verdrückte, rutschte sie unruhig auf ihrem Stuhl hin und her. Die Bäuerin, eine rundliche Frau mit dicken, roten Wangen, nickte ihr aufmunternd zu: „Lauf nur schon raus und schau dich auf dem Hof um. Wir kommen bald nach und machen einen Rundgang."

Das ließ Anna sich nicht zweimal sagen. Sie war noch nie auf einem Bauernhof gewesen. Auf der Bank neben der Haustüre rekelte sich in der Sonne eine schwarze Katze. Zaghaft strich Anna dem Tier mit der Hand über das weiche Fell. Die Katze begann behaglich zu schnurren. Doch bald wurde Annas Aufmerksamkeit von anderen Tieren angezogen. Eine Schar weißer Hühner lief gackernd, emsig pickend und scharrend auf dem Hof umher. Dazwischen stolzierte ein prächtiger, bunter Hahn. Als sie an dem dampfenden, stinkenden Misthaufen vorbei kam, hielt Anna sich die Nase zu.

Aber warum hatten die Leute bloß den armen Hund dort drüben an seiner Hütte angebunden? Sie näherte sich ihm und er lief schwanzwedelnd an einer langen Kette hin und her. Anna ging vor ihm in die Hocke und hielt ihm die Hand hin. Freudig winselnd leckte er darüber.

„Du wirst wohl nie gestreichelt?“ Sie sprach mit leiser Stimme auf den kleinen schwarzweiß gefleckten Mischling ein.

„Anna, komm mit“, rief jetzt Frau Scheibner, „wir gehen in den Kuhstall.“

Im Stall schlug ihnen warme, dumpfe Luft entgegen.

Rechts vom Gang zählte Anna in einer Reihe sieben schwarzweiße Kühe. Sie drehten ihnen neugierig die schweren Köpfe zu, auf denen zahllose Fliegen auf und ab schwirrten. Anna schob ihre Hand vorsichtshalber in die Hand von Frau Scheibner.

„Sind die Kühe auch friedliebend?“, fragte sie.

Die Erwachsenen lachten herzlich. „Aber natürlich!“, antwortete der Bauer „Die tun dir nichts.“ Er ging mit einem Eimer zu der letzten Kuh und molk etwas Milch. Die goss er in einen Becher und reichte ihn Anna mit der freundlichen Aufforderung: „Da, Anna, trink! Das ist für so ein mageres, kleines Mädchen etwas sehr Gutes.“

Sie hob den Becher an die Lippen. Doch der fetten, kuhwarmen Milch entströmte ein Geruch, der einen Brechreiz bei ihr auslöste.

„Ich kann das nicht trinken!“, stammelte sie.

Die beiden Männer versuchten, ihr gut zuzureden. Doch Frau Scheibner sagte: „Es ist lieb gemeint. Aber lasst sie doch! Sie ist das nicht gewöhnt.“

Als sie sich später von ihren Gastgebern verabschiedeten, sagte Anna: „Es ist schön auf einem Bauernhof. Ich wäre gerne noch die Leiter raufgeklettert ins Heu.“ Sie sah mit Bedauern zur Scheune hin. Dann drehte sie sich herum und fragte die Bäuerin: „Aber wieso sind alle eure Tiere schwarz oder weiß, nur der Hahn nicht?“

„Ich weiß nicht“, sagte die Bäuerin lächelnd, „das ist einfach Zufall.“

Viele Neuigkeiten

Frau Scheibner ermunterte Anna schon seit einiger Zeit immer wieder, ihrer Mutter einen Brief zu schicken. Also machte sie sich an die schwere Arbeit, den ersten Brief ihres Lebens zu schreiben. Zuerst sah sie mutlos auf die leeren Linien des Schreibpapiers.

„Tante Scheibner, wie soll ich denn anfangen?“

„Na, zuerst schreibst du: ‚Liebe Mutti‘.“

Anna sah sie schräg von unten an. „Das habe ich noch nie zu ihr gesagt.“

„Ich denke, das wäre richtig, und sie wird sich sicher darüber freuen.“

Als Anna nach mehrfachem Radieren und Neuschreiben fertig war, betrachtete sie stolz ihr Werk.

Die Antwort auf diesen Brief ließ nicht lange auf sich warten. Und tatsächlich teilte ihr Brigitte mit, dass sie sich über die liebe Anrede sehr gefreut habe. Gleichzeitig erfuhr Anna zwei Neuigkeiten: Vater war mit seiner Kompanie nach Montpellier in Südfrankreich verlegt worden. Margot musste demnächst ihr Pflichtjahr auf einem Bauernhof in Heringsdorf an der Ostsee ableisten.

Herr Scheibner zeigte Anna im Atlas, wo die beiden Orte lagen. Sie ließ sich auch Köln und Crossen an der Mulde auf der Landkarte zeigen. Bekümmert starrte sie auf die verwirrenden Linien und Ortsnamen.

„Früher waren wir alle zusammen in Köln. Und jetzt ist jeder von meiner Familie woanders.“

An einem warmen Tag in der ersten Septemberwoche spielte Anna mit einigen Kindern am Ufer der Mulde. An einer seichten Stelle versuchten sie, kleine, silbrige Fische mit den Händen zu fangen. Doch sie flutschten immer hurtig zwischen den Fingern hindurch. Die Kinder schrien, kreischten und spritzten ausgelassen vor Übermut.

Anna stand bis zu den Knien im Wasser, als Frau Scheibner durch das hohe Ufergras auf sie zukam. Sie wedelte mit einem Stück Papier.

„Huhu, Anna“, rief sie, „ich muss dir etwas sagen.“

Die Kinder hielten inne in ihrem Spiel. Anna watete aus dem Wasser heraus und sah sie mit ihren graugrünen Augen neugierig an. Die blonden Haare waren inzwischen zu ihrer Genugtuung bis auf Schulterlänge gewachsen. Jetzt klebten sie nass am Kopf.

Wenn Tante Scheibner extra hierher kam und sie suchte, musste etwas Besonderes passiert sein. Bei den letzten Schritten stieg Furcht in ihr auf. Doch Tante Scheibner machte eine eher fröhliche Miene.

„Anna, du hast ein Schwesterchen bekommen. Es heißt Dagmar. Na, freust du dich?“

„Ach“, war ihre einzige, verblüffte Reaktion.

Als die Kinder wieder unter sich waren, nahm eines der Mädchen Anna zur Seite: „Glaubst du eigentlich noch an den Klapperstorch?“

„Na klar!“ Ihre Stiefmutter war so jung, warum sollte ihr der Klapperstorch nicht noch ein Kind bringen?

Das Mädchen lachte spöttisch. „Die Kinder bringt ja gar nicht der Klapperstorch. Die wachsen bei der Mutter im Bauch. Da ist doch unter dem Nabel so ein dünner, brauner Strich. Der platzt dann auf und das Kind fällt heraus.“

Anna tippte sich an die Stirn. „Rosi, du spinnst!“

Doch als sie abends im Bett lag, untersuchte sie eingehend ihren Bauch und fand auch einen schwach angedeuteten bräunlichen Strich. Das gab ihr zu denken. Die Vorstellung, dass dort einmal der Bauch aufplatzen könnte, erfüllte sie mit Schaudern. Aber sie hatte doch von Mutti damals Zuckerstückchen bekommen und auf die Fensterbank gelegt. Die hatte der Klapperstorch geholt und dann das Schwesterchen Gisela gebracht.

Ob sie Tante Scheibner einmal fragen sollte? Mit wirren Gedanken schlief sie ein. Am nächsten Tag hielt sie eine neue Befangenheit davon ab, diese Fragen zu klären.

Zwei Wochen später überraschte sie Herr Scheibner beim Abendessen ganz betrübt: „Anna, Mädel, in ein paar Tagen müssen wir dich wieder hergeben."

Er verbarg nur unzureichend seine Rührung.

Anna riss die Augen auf. Das, was er sagte, kam so plötzlich. Ihre Blicke spielten Pingpong zwischen den beiden Menschen, bei denen sie sich monatelang geborgen und wohl gefühlt hatte.

„Muss ich wieder mit dem Transport nach Köln zurück?"

Herr Scheibner schüttelte den Kopf. Seine Frau schaltete sich mütterlich ein: „Ich bringe dich mit dem Zug nach Deutsch Krone. Deine Familie hat mich darum gebeten."

„Du kommst wirklich mit?" Anna sprang vom Stuhl auf und schlang die Arme um ihren Hals.

„Ja, mein Mädelchen, ich werde dich zu deiner Mutter und deinen Geschwistern bringen."

In Annas Freude mischte sich echtes Bedauern, Scheibners und Crossen wieder verlassen zu müssen. Sie lehnte sich gegen Herrn Scheibner und sagte tröstend: „Ich kann euch ja wieder einmal besuchen kommen."

In Deutsch Krone

Deutsch Krone war ein ländliches pommersches Städtchen, gelegen zwischen zwei malerischen Seen. Auf der Hauptstraße, die von dem kleinen Bahnhof ausgehend die Stadt durchlief, befanden sich Postamt, die meisten Läden und Handelsgeschäfte. Baumbestandene Straßen mit gutbürgerlichen Einfamilienhäusern prägten ebenfalls das beschauliche Stadtbild. Für das in Deutsch Krone stationierte Militär waren am Stadtrand Kasernen gebaut worden. Ebenfalls gab es, umgeben von einer halbhohen weißen Mauer, ein gepflegtes Offizierskasino, vor dem sich eine kleine öffentliche Parkanlage erstreckte. In unmittelbarer Nähe zogen sich schnurgerade parallel nebeneinander die Speestraße und die Scheerstraße mit schmucklosen, dreistöckigen, einheitlichen Reihenmietshäusern hin. Rasenflächen davor begrenzten die Häuser zur Straße. Noch junge Bäume säumten die Bürgersteige zur Fahrbahn.

Im Erdgeschoss des Hauses Scheerstraße 1 bewohnte Familie Luschei die linke Vierzimmerwohnung. Hans, der Mann von Elisabeth Luschei, war jedoch seit längerer Zeit zur Heeresstandortverwaltung nach Litzmannstadt abkommandiert worden. Aus Altersgründen und weil ihm aus dem Ersten Weltkrieg ein Auge fehlte, kam der gelernte Drogist als Soldat nicht in Frage.

Seit der Hochzeit ihrer einzigen Tochter Brigitte lebte Elisabeth Luschei allein in ihrer Wohnung und arbeitete in der Inseratabteilung der örtlichen Tageszeitung. Sie war eine kleine, geschäftige Frau, mit etwas derbem Körperbau und kurzen, leicht gekrümmten Beinen. Das früh schneeweiß gewordene Haar trug sie hochgesteckt und zu vielen runden Löckchen gedreht. Die schönen braunen Augen und der schmale, sensible Mund ließen das Gesicht, trotz der kräftigen Nase, auch noch im fortgeschrittenen Alter hübsch erscheinen.

Ihre Liebe und Bewunderung galten der hochgewachsenen, stattlichen Tochter. Doch entlud sich ihr ganzer Zorn, als sie von deren „Techtelmechtel“ mit dem in Deutsch Krone stationierten Unteroffizier Fritz Weber erfuhr. Sie hatte dem jungen Mädchen den Umgang mit dem „Weiberheld“ strikt verboten und sogar abends die Haustüre verriegelt. Doch Brigitte, einerseits sehr verliebt, andererseits mit einem pommerschen Dickschädel ausgestattet, war, als die Mutter schlief, aus dem Fenster geklettert und zu ihrem Rendezvous geeilt.

Dass die Tochter aber diesen „windigen Musiker“ und Witwer mit zwei Kindern dann auch noch heiraten wollte, ging über jegliches Verständnis der Mutter. Einen hohen Beamten, Studienrat oder „Doktor“ hatte sie sich für Brigittchen erträumt. Aber nach einiger Zeit musste sie resigniert und mit düsteren Prophezeihungen ihre Einwilligung in die Hochzeit geben.

Balsam für ihre Seele war es, dass ihre schwangere Tochter dem Bombenterror in Köln entfloh und, zurückgekehrt, ihr eine kleine Enkeltochter schenkte. Beide überschüttete sie nun mit ihrer ganzen Liebe.

Frau Scheibner hielt sich nur zwei Tage auf, als sie Anna nach Deutsch Krone brachte. Dann fand ein liebevoller, aber schmerzlicher Abschied statt.

Sie hatte Anna während ihrer Bahnreise eindringlich eingeschärft, die beiden Frauen, die sie erwarteten, mit „Mutti“ und „Omi“ anzureden. Das tat Anna auch gehorsam. Großes Erstaunen und Heiterkeit löste der sächsische Dialekt aus, den Anna in dem halben Jahr ihres Aufenthalts in Sachsen total angenommen hatte.

Obwohl sie liebenswürdig aufgenommen wurde, fühlte Anna sich überflüssig und fremd in der neuen Umgebung. Alles drehte sich in der kleinen Wohnung um den Säugling und seine Mutter, die von deren Mutter so schonend behandelt wurde wie eine Kranke. Bisher war Anna stets die verwöhnte, umsorgte „Kleine" gewesen. Dieser Stellenwert hatte sich jetzt verschoben.

Außerdem war sie sehr enttäuscht, Margot nicht mehr anzutreffen. Diese war bereits abgereist, um ihr Pflichtjahr anzutreten.

Nach einigen Tagen wurde ihr eröffnet, dass sie nun zur Schule gehen müsse. Ihre Stiefmutter begleitete sie zu dem düsteren, dunkelrot verklinkerten Schulgebäude. Sie sorgte auch dafür, dass Anna in die ihrem Alter entsprechende dritte Klasse kam. Das Klassenzimmer war ein wenig dunkler, die Schulbänke stärker abgenutzt als in den Schulräumen, die Anna bisher kennen gelernt hatte. Doch hier wie dort hing unübersehbar ein Bild des Führers Adolf Hitler.

Im Unterrichtsstoff stellte Anna gegenüber ihren Mitschülerinnen zu ihrem Missvergnügen etliche Lücken fest. Doch sie konnte sie bald schließen. Nur das Fach „Rechnen" machte ihr einige Schwierigkeiten.

Eines Tages berichtete sie zu Hause erfreut: „Ich habe eine Freundin. Die hat einen sooo schönen Namen. Sie heißt Edda Duille." Sie ließ die beiden Wörter auf der Zunge zergehen. „Mutti, und weißt du, was für einen komischen Vornamen ihr kleiner Bruder hat? Er heißt ‚Erdmann'. Hast du so was schon mal gehört?"

Im Haushalt musste Anna nun kleine Pflichten übernehmen, wie Geschirr abtrocknen, Staub wischen. Vor allem aber war es ihre Aufgabe, bei gutem Wetter das Baby im Kinderwagen spazieren zu fahren. Obgleich sie ihr Schwesterchen schnell ins Herz geschlossen hatte, bereitete es ihr doch Verdruss, dass sie den Kinderwagen nur in der kleinen Parkanlage öde umherschieben durfte. Darüber wachte die Omi Luschei mit Argusaugen. Ihr Kopf erschien kontrollierend in regelmäßigen Abständen am Fenster der Wohnung.

Von Margot kam hin und wieder eine Postkarte. Es gefiel ihr nicht besonders bei den Leuten in Heringsdorf. In einem Brief an Anna klagte sie darüber, dass sie harte Arbeit verrichten müsse. „Ich muss im Morgengrauen aufstehen und jetzt, da es im Herbst kälter wird, die Asche aus den Öfen entfernen, den großen Küchenherd und zwei große Kachelöfen anheizen. Auch bei der Ernte im Obstgarten und beim Einmachen muss ich helfen. Ich sage dir, abends falle ich wie tot ins Bett. Das Beste ist das Essen. Es ist gut und reichlich. An einem riesigen Küchentisch essen alle schweigend zusammen, die Familie, die Mägde, die polnischen Fremdarbeiter und ich."

Anna war sehr beeindruckt von den Schilderungen. Sie hatte viel Mitleid mit ihrer Schwester und versuchte sie in einem Antwortbriefchen zu trösten.

Winterzeit und eine schlimme Nachricht

Spät in diesem Jahr, an einem kalten Winterabend, drei Wochen vor Annas neuntem Geburtstag am 16. Dezember, fiel der erste Schnee. Sie saß mit Brigitte und Omi Luschei im Wohnzimmer. Der große Kachelofen verbreitete eine wohlige Wärme, die durch eine Röhre auch in das daneben liegende Schlafzimmer geleitet wurde. Die beiden Frauen waren mit Ausbesserungs- und Flickarbeit beschäftigt. Anna mühte sich damit ab, ein kleines Loch in einem Strumpf zu stopfen.

„Du musst die Längsfäden enger ziehen." Brigitte machte es ihr vor. Sie zeigte ihr auch, wie aus der Verbindung mit den Querfäden ein fester Stopfen wurde. „Siehst du, das ist schon sehr gut gelungen. Aber nun wird es Zeit, schlafen zu gehen, mein Kind."

Anna warf durch einen kleinen Spalt im Vorhang einen Blick nach draußen und stieß einen Freudenschrei aus. „Es schneit ganz dicke Flocken. Oh, bitte, darf ich noch mal auf die Straße? Andere Kinder sind auch draußen."

„Also gut! Aber zieh dich warm an."

Es war ein herrliches Vergnügen. Die Kinder konnten nicht genug davon kriegen, in der weißen Pracht herumzutoben. Nach einer guten Stunde jedoch rief Brigitte Anna herein. Sie folgte der Aufforderung zwar mit Bedauern, doch ihre Augen leuchteten und die Wangen waren rot von der Kälte.

„Jetzt aber rasch waschen, Zähne putzen und ab ins Bett. Du musst morgen wieder früh aufstehen und in die Schule gehen", drängte Brigitte nun.

Omi Luschei fügte lächelnd hinzu: „Und knirsch heute Nacht nicht wieder so fürchterlich mit den Zähnen, sonst muss ich dich in den Flur ausquartieren."

Anna sagte verlegen: „Ich merke doch nichts davon, wenn ich im Schlaf so knirsche."

Bevor sie schlafen ging, huschte sie noch einmal in die Küche, um ein Glas Wasser zu trinken. Hier war es sehr kalt. Außer zu den Zeiten, in denen gekocht wurde, erhielt man aus Sparsamkeitsgründen nur eine kleine Glut im Herd. Omi Luschei klagte ständig darüber, dass die Küche nach Norden lag, kein Sonnenstrahl durch das Fenster hereinfiel und es sehr fußkalt sei.

Anna fröstelte und beeilte sich, im Schlafzimmer auf ihrer Couch unter das weiche, wärmende Daunenbett zu schlüpfen. Oft, wie auch jetzt, überfiel sie unvermittelt vor dem Einschlafen eine große Sehnsucht nach Zärtlichkeit, die sie immer wieder an ihre Mutter denken ließ.

An manchen Tagen stieg die Furcht vor einem erneuten Verlust vertrauter Menschen unvermittelt in ihr hoch. Hin und wieder ging sie dann zu Brigitte und fragte schüchtern: „Mutti, hast du mich eigentlich auch wirklich lieb?“

Diese nahm sie dann verständnisvoll kurz in die Arme und versicherte ihr: „Aber natürlich! Was denkst du denn?“

Der Winter in Deutsch Krone erschien Anna viel kälter, und auch Schnee gab es in größeren Mengen als in Köln. Doch während die Erwachsenen das Frühjahr herbeisehnten, hatten die Kinder ihre Freude an der dauerhaften weißen Pracht und dem Eis auf den Straßen und Seen. Wann immer es ging, zog Anna mit dem kleinen Schlitten aus Brigittes Kindertagen los.

„Rutsch nicht soviel mit den Schuhen übers Eis. Davon gehen die Sohlen kaputt. Das ist ja alles keine Friedensware mehr“, mahnte Omi Luschei oft. Anna versprach's, doch bei den herrlichen Rutschbahnen, an denen sie vorbeikam, war es schnell vergessen.

In diese Winterfreuden platzte ein Brief von Tante Ija mit einer schlimmen Nachricht. Sie teilte mit, dass das Haus in Köln nun auch durch eine Bombe zerstört sei. Die Fliegerbombe war auf das Nachbargebäude gefallen. Der Luftdruck hatte Annas Elternhaus bis auf das Kellergeschoss zum Einsturz gebracht. Glücklicherweise war Tante Ija mit Großvater vor Wochen aus Sicherheitsgründen in eine kleine Wohnung außerhalb Kölns gezogen, sodass ihnen nichts passiert war.

Brigitte las den Brief laut vor. Sie sah Anna bekümmert an.

„Von deinem Vater haben wir schon längere Zeit nichts mehr gehört und unser Heim in Köln ist nun zerstört. Was für schreckliche Zeiten!“ Anna versuchte einen dicken Kloß, der ihr im Hals zu stecken schien, herunterzuschlucken.

Annas Geburtstag und das Weihnachtsfest 1943 wurden in sehr bescheidenem Rahmen gefeiert. Opa Luschei hatte Urlaub bekommen und lernte erst jetzt seine neue, große Enkelin kennen.

„Marjellchen“, ließ der gebürtige Ostpreuße seinen Dialekt humorvoll anklingen, „du bist ja so dünn. Geben die Frauen dir nuscht zu essen?“

Seine Frau und seine Tochter protestierten entrüstet.

Die vier Monate alte Enkelin betrachtete er mit Staunen. Er kniff ihr in die kleine, runde Wange.

„Ach, schau an! Du wirst ja auch allmählich ein richtiger Mensch!“

Brigitte lachte: „Typisch mein Vater, mit seinem ostpreußischen Humor.“

Anna beobachtete fasziniert sein Glasauge, das seinem Schauen etwas Starres verlieh.

„Kann er damit sehen?“, flüsterte sie Brigitte zu.

Diese schüttelte lächelnd den Kopf. Einen kleinen Schrecken bekam Anna jedoch, als sie am späten Abend noch einmal im Badezimmer auf die Toilette ging. Auf dem hoch gelegenen Fensterbrett stand ein Wasserglas mit dem Glasauge, das sie unheimlich anstarrte.

Das letzte Jahr in Deutsch Krone

Allmählich ging der strenge Winter zu Ende und musste dem Frühling weichen. Davon, dass immer noch Krieg herrschte, bekam Anna wenig mit. Sie verband ihre Vorstellung davon auch hauptsächlich mit den Schrecken der Bombenangriffe, bei denen, wie in Köln, ganze Stadtviertel in Schutt und Asche gefallen waren. Deutsch Krone blieb von solchen Luftangriffen verschont. Hier gab es keine heulenden Sirenen und durchwachten Nächte in einem Bunker. Die stationierten Soldaten in ihren Uniformen gehörten zum alltäglichen Stadtbild.

Während Anna in Köln noch jeden Erwachsenen mit einem freundlichen Tagesgruß und höflichem kleinen Knicks begrüßt hatte, war ihr der Hitlergruß mit dem erhobenen Arm zur täglichen Gewohnheit anerzogen worden. Wenn der Lehrer morgens den Klassenraum betrat, mussten die Kinder von ihren Plätzen aufstehen und seinen Hitlergruß mit einem zackigen „Heil Hitler“ erwidern.

Im warmen Monat Mai wurden unter anderem alle Schulkinder zum Maikäfersammeln aufgefordert. Es war ein sogenanntes Maikäferjahr. Die Schädlinge waren im ganzen Stadtgebiet in großer Zahl aufgetreten. In der Scheerstraße säumten junge Bäume die Bürgersteige auf beiden Seiten der Straße. Bevor sie morgens zum Unterricht gingen, schüttelten Anna und die Nachbarkinder diese Bäume. Noch starr vom kühlen Morgentau, prasselten die Käfer wie Nüsse von den Bäumen. Das machte den Kindern Spaß. Sie packten die Tierchen in Kistchen und Kästchen und gaben ihre Beute in der Schule ab, wo sie zum Vernichten gesammelt werden sollten. Ab und zu hauchte Anna einen Maikäfer mit ihrem warmen Atem an, bis er lebhaft wurde. Sie ließ ihn über ihre Hand marschieren und verzog das Gesicht zu einer Grimasse, als sie deutlich das Einhaken der spitzen Krallen fühlte. Neugierig betrachtete sie die drei Paar Beine, die den plumpen Körper unter dem hornartigen Panzer mühsam vorwärtstrugen.

Einmal nahm sie einen Maikäfer mit in die Wohnung, um ihn dem Schwesterchen zu zeigen. Dagmar war nun neun Monate alt. Sie griff nach allem, was sie sah. Doch bevor das geschehen konnte, ließ ein spitzer Schrei von Omi Luschei beide Kinder zusammenzucken.

„Um Himmels willen! Bring sofort den Käfer hinaus, Anna. Die Kleine steckt doch alles in den Mund."

„Ich wollte ihr den Maikäfer ja nur zeigen", verteidigte Anna sich kleinlaut.

Seit das Baby Interesse an seiner Umgebung zeigte, beschäftigte sie sich sehr gern mit der Kleinen. Und auch Dagmar lachte und juchzte, wenn sie Anna sah. Die ließ sich von den kleinen Händen geduldig an den Haaren ziehen, hob unzählige Male den heruntergefallenen Schnuller auf und sah Brigitte interessiert beim Wickeln zu.

Ende Juni war Margots Pflichtjahr vorbei. Brigitte empfing Anna, als sie aus der Schule kam, mit der Nachricht: „Margot hat geschrieben. Sie kommt in vier Tagen nach Hause."

Anna holte tief Luft und presste vor Freude die Hände auf den Magen. Sie konnte es kaum abwarten, ihre Schwester wiederzusehen.

Als sie am Ankunftstag mit Brigitte zum Bahnhof ging und der Zug einfuhr, zappelte sie aufgeregt herum und reckte den Hals. Plötzlich rief sie: „Da ist sie!"

Sie drängte sich durch die Reisenden hindurch, lief auf Margot zu und direkt in ihre Arme. Nach der herzlichen Umarmung schob diese sie von sich.

„Anna", staunte sie, „du bist aber gewachsen!"

Anna strahlte sie an. Brigitte trat hinzu und begrüßte ihre große Stieftochter mit liebenswürdigem Lächeln und freundlichem Händedruck. „Gut siehst du aus, richtig erwachsen."

In der Wohnung musste man nun noch etwas zusammenrücken. Während Brigitte mit dem Baby in dem kleinen Kinderzimmer schlief, zog Anna in das verwaiste Ehebett neben Omi Luschei und Margot bezog ihr Lager auf der Schlafcouch.

In den nächsten Tagen beratschlagten die Erwachsenen, was nun mit Margot geschehen sollte. In Köln hatte sie wegen des Bombenterrors das Hildegardis-Lyzeum in der Untersekunda verlassen. Nach dem Pflichtjahr wehrte sie sich dagegen, wieder zur Schule zu gehen. Über Bekannte vermittelte Brigitte ihr eine Stelle als Apothekenhelferin, was ihr recht gut gefiel. Die beiden gingen zurückhaltend, doch freundschaftlich miteinander um. Das Verhältnis zwischen Omi Luschei und Margot war ein wenig distanziert, aber höflich.

Für Anna jedoch war in diesem Sommer die Welt wieder halbwegs in Ordnung. Sie hatte ihre Schwester in der Nähe, der sie abends ihre Erlebnisse des Tages erzählen konnte.

Mit ihren Freundinnen ging sie in diesen heißen Sommermonaten oft in das kleine Schwimmbad am See. Wer von den Kindern schon schwimmen konnte, war in ihren Reihen sehr angesehen. Daher übte Anna unermüdlich die Schwimmbewegungen. Dabei versuchte sie auch zu mogeln. Sie machte mit den Armen kräftige Schwimmstöße und rührte mit einem Bein heftig das Wasser auf. Doch mit dem anderen Bein hüpfte sie sicherheitshalber über den Boden.

„Seht mal, ich kann schwimmen!", schrie sie ihren Freundinnen zu. Doch die kamen ihr schnell auf die Schliche und riefen spöttisch: „Haha, du hast ja ein Bein unten."

Das ließ Anna nun doch nicht ruhen. Sie übte ehrgeizig für sich, bis es ihr dann tatsächlich gelang, auch das zweite Bein oben zu halten und zwei bis drei richtige Schwimmzüge zu machen. Das geschah an einem Sonntag. Margot saß mit zwei befreundeten jungen Mädchen auf einer ausgebreiteten Decke auf der Wiese. Anna rannte triefend nass und zitternd vom langen Aufenthalt im Wasser zu ihr hin. Mit vor Kälte klappernden Zähnen rief sie: „Margot, komm mal schnell! Ich muss dir was zeigen. Ich kann schwimmen!“

Diese konnte sich nicht sofort überwinden, ihren Platz zu verlassen. Träge antwortete sie: „Das stimmt ja doch nicht. Du pfuschst bestimmt wieder. Außerdem hast du schon ganz blaue Lippen vom kalten Wasser. Bleib jetzt hier.“

„Nein, ganz ehrlich! Ich kann schon drei Züge. Bitte, bitte, komm!“

„Also gut, du Nervensäge.“

Margot sah hübsch aus in ihrem blauweiß karierten Luftanzug. Omi Luschei hatte den aus einer kurzen Hose, einem Oberteil und einem Bolerojäckchen bestehenden Anzug geschickt aus einer großen karierten Tischdecke geschneidert.

Margot schlenderte hinter Anna her zum abgetrennten Nichtschwimmerbereich.

Grüne Algenfäden schlängelten sich hin und her. Um die Einstiegsleiter herum wuselten zahllose kleine und kleinste Fische im Wasser.

Empfindlich vertrieb Anna sie, indem sie mit dem Fuß ins Wasser klatschte. Dann hopste sie hinein und führte ihre Schwimmkünste vor. Wie von ihr erwartet wurde, staunte Margot über die Maßen und lobte die kleine Schwester sehr.

An einem schwül-heißen Nachmittag Ende August vergnügte sich Anna wieder mit ihren Schulfreundinnen Edda und Ingrid im Schwimmbad.

„Wann musst du zu Hause sein?“, fragte Edda sie.

„Um sechs Uhr.“

„Ich auch. Aber es ist schon so dunkel. Sicher gibt es ein Gewitter. Wie spät mag es sein?"

Die Kinder liefen zu der großen Normaluhr über dem Schwimmbad-Eingang.

„Oh, gleich halb sechs. Wir müssen uns anziehen", drängte Edda. Der Weg bis zu ihren elterlichen Wohnungen, die nahe beieinander lagen, dauerte eine Viertelstunde.

Anna zeigte zum Himmel, der sich immer dunkler zuzog. „Puh, guckt euch das mal an. Hoffentlich sind wir vor dem Gewitter zu Hause."

Sie hatten sich kaum ihre Kleidchen übergezogen, als das Unwetter auch schon losbrach. Die Kinder flüchteten sich mit anderen Badegästen gerade noch rechtzeitig vor dem Regen unter das Dach des Eingangs. Plötzlich aufkommender heftiger Wind peitschte das bisher so stille Wasser des Sees zu wilden Wogen. Ängstlich aneinander gedrückt sahen die drei den zuckenden Blitzen zu und fuhren bei dem nachfolgenden Donnerkrachen erschrocken zusammen.

„Meine Mutter hat gesagt, vor Donner braucht man sich nicht zu fürchten", rief Edda, sich selbst und ihren Freundinnen Mut machend, mit schriller Stimme.

So rasch, wie das Gewitter sich entladen hatte, zog es weiter. Aus der Ferne war noch Donnergrollen zu vernehmen und Wetterleuchten erhellte den Horizont.

Als sie auf dem Heimweg die etwas ansteigende Hauptstraße entlanggingen, schoss ihnen in der Gosse auf Meterbreite das niedergegangene Regenwasser entgegen. Sie zogen sich ihre Sandalen aus und platschten im leichten Regen vergnügt schnatternd barfuß durch das Wasser.

Plötzlich entdeckte Anna Brigitte, die ihnen mit aufgespanntem Schirm auf dem Bürgersteig entgegenkam.

„Huhu, Mutti!"

Anna winkte ihr fröhlich zu. Brigitte blieb stehen und sah sie mit eisiger Miene an.

„Zieh deine Schuhe an und komm sofort mit nach Hause!"

Erschrocken sah Anna hoch. Was hatte sie denn getan?

„Entschuldige, dass ich so spät bin!", stammelte sie. „Das Gewitter … wir mussten uns unterstellen."

Brigitte würdigte sie keines Blickes. Also trabte Anna stumm und verzagt neben ihr her. In der Wohnung angekommen, entlud sich dann ein zweites Gewitter über sie.

„Schämst du dich denn gar nicht, wie ein Straßenkind barfuß durch die Gosse zu waten? Was sollen bloß die Leute denken, die dich gesehen haben! Du hast ab sofort Stubenarrest und gehst eine Woche, außer zur Schule, nicht vor die Türe."

Anna ließ die Strafpredigt mit niedergeschlagenen Augen über sich ergehen. Doch innerlich war sie bass erstaunt. Sie verstand nicht, dass das, was so lustig gewesen war, etwas Schlimmes sein sollte. Die härteste Strafe für sie aber war, dass Brigitte an den folgenden Tagen nicht und Omi Luschei nur das Nötigste mit ihr sprach. Sie litt sehr unter dieser Nichtbeachtung und Schweigsamkeit und wartete jeden Abend sehnsüchtig darauf, dass Margot nach Hause kam.

„Lieber wäre mir, sie hätte mir eine Ohrfeige gegeben, und damit wäre es wieder gut gewesen", raunte sie ihrer Schwester zu.

„Mach dir nichts daraus. Die Woche ist schnell herum. Ich finde es blöde, dass sie sich wegen so etwas so anstellt", tröstete diese sie. „Sieh mal, ich habe dir aus der Apotheke ein paar Panflavin-Tabletten mitgebracht. Die Verpackung war kaputtgegangen. Du kannst immer mal eine lutschen. Sind eigentlich gegen Halsschmerzen, schmecken aber richtig gut."

In den nächsten Tagen spielte Anna viel mit ihrer kleinen Schwester. Dagmar war am 31. August ein Jahr alt geworden und versuchte die ersten Schritte. Geduldig stellte sie die Kleine immer wieder auf die kurzen, dicken Beinchen und hatte ihre Freude daran, wenn ein paar wacklige Schritte gelangen. Sie baute mit Bauklötzen hohe Türme, die Dagmar mit Wonne wieder einstürzen ließ. Doch als diese Stubenarrest-Woche zu Ende war und Anna wieder auf die Straße hinaus und mit anderen gleichaltrigen Kindern spielen durfte, kam sie sich wie ein Vögelchen vor, dessen Käfig geöffnet wurde und sie in die Freiheit entließ.

In der Parkanlage vor der Scheerstraße begann eine Truppe junger Soldaten, Lauf- und Panzergräben auszuheben.Was die Erwachsenen mit sorgenvollen Mienen beobachteten, war für die Kinder zum interessanten Spielgelände geworden. Die jungen Soldaten scherzten mit ihnen und gaben gutmütig Antworten auf ihre Fragen, wozu diese Erdarbeiten gemacht würden. Wenn sie abends abzogen, sprangen die Kinder in die Gräben und spielten Nachlaufen. Dabei war auch ein Junge, der erst seit kurzem bei seiner Großmutter wohnte. Anna bewunderte Harald sehr, weil er der schnellste Läufer unter ihnen und sehr gelenkig war. Was ihm jedoch die höchste Anerkennung der Spielgefährten eintrug: Er führte ihnen auf der Wiese einen Salto in der Luft vor und landete wieder sicher auf den Füßen. Die Kinder waren sprachlos. Einige suchten daraufhin mit wackligem Handstand zu imponieren und Anna gelang ein recht gerader Kopfstand.

Brigitte und Margot fanden, seit Margot wieder in Deutsch Krone war, von einem ‚Waffenstillstand‘ zu einem freundschaftlicheren Verhältnis zueinander. Hin und wieder nahm Brigitte sie mit ins Kino. Die Filmschauspieler, für die Margot am meisten schwärmte, waren Johannes Heesters und Marika Rökk. Da die Filme mit diesen beiden nicht für Jugendliche freigegeben waren, staffierte Brigitte die 16-Jährige mit Mantel, Hut, Handschuhen und Tasche von sich aus und schleuste sie so an der Kinokasse vorbei. Nach diesen Kinobesuchen, von denen sie ganz verzaubert zurückkam, sang Margot mit ihrer hübschen Stimme Anna die schon vom Radio her bekannten Schlager vor und bestand darauf, dass Anna nach kurzem Einüben eine zweite Stimme im Duett mit ihr dazu sang.

„Vati hat immer gesagt: ‚Meine Töchter sind musikalisch bis auf die Knochen.‘ Also versuch's mal“

Sie ahmte auch die tänzerischen Bewegungen von Marika Rökk nach und probierte einige Stepschritte. Anna fand ihre hübsche, große Schwester fabelhaft und bemühte sich, ihren Part gut hinzukriegen.

An einem frühen Abend tuschelten Brigitte und Margot miteinander. Sie stellten das Radio auf den Esstisch im Wohnzimmer und schalteten es ganz leise ein. Margot holte gerade eine dicke Wolldecke herbei. Verwundert fragte Anna: „Was macht ihr denn da?“

„Wir wollen Musik hören, Swing-Musik“, flüsterte Margot. „Das ist verboten. Du darfst niemandem etwas davon sagen! Hörst du? Keinem Menschen!“

„Aber – warum ist denn Musikhören verboten?“

„*Solche* Musik, verstehst du? Die kommt von einem Feindsender“, erklärte Brigitte leise.

Anna sah mit großen Augen zu, wie die beiden mit den Köpfen unter der Wolldecke verschwanden. Während Omi Luschei ihnen kopfschüttelnd zusah, legte Anna ihr Ohr oben auf die Decke zwischen die verhüllten Köpfe. Leise und undeutlich hörte sie Musik. Als sie sich wieder aufrichtete, musste sie jedoch lachen: Es sah zu komisch aus, wie Brigitte und Margot mit ihren Hinterteilen rhythmisch hin und her wackelten.

Dunkle Wolken ziehen auf

Der Winter kam früh in diesem Jahr 1944. Die Wälder um Deutsch Krone, in denen Anna, von Nachbarsfrauen mitgenommen, im Sommer und Frühherbst Blaubeeren und Pilze gesammelt hatte, verloren die herrlich bunt gefärbten Blätter. Eis und Schnee überzogen die Landschaft. Das Heizmaterial wurde sehr knapp, deshalb sparte man mit dem Heizen noch mehr als sonst.

Zu ihrem zehnten Geburtstag, zwei Wochen vor Weihnachten, bekam Anna ein Paar aus bunten Wollresten gestrickte Fausthandschuhe und zwei kleine schrumpelige Äpfel. Sie freute sich über die Handschuhe, weil ihre alten total zerstopft waren.

Zwei Tage vor Weihnachten schlugen Brigitte und Margot im Wald eine kleine Tanne, die sie mit sorgsam gehütetem alten Baumschmuck und einigen wenigen Kerzen in einen richtigen Weihnachtsbaum verwandelten. Dagmar staunte am Heiligen Abend das Bäumchen mit großen Augen an.

„Singen wir nicht?“, fragte Anna.

„Aber selbstverständlich“, antwortete Brigitte lächelnd und stimmte einige Weihnachtslieder an, in die die anderen einstimmten.

Kleine selbstgefertigte Geschenke wurden ausgetauscht und das bescheidene Abendessen eingenommen. Dann brachte Brigitte die Kleinste ins Bett. In der Backröhre des großen Kachelofens schmorten ein paar Bratäpfel und verbreiteten mit den Tannenzweigen einen herrlichen Duft. Zu viert spielten sie „Mensch ärgere dich nicht“.

Doch es war eine trügerische Geborgenheit. Die Nachrichten von der ständig näher rückenden Ostfront waren Besorgnis erregend. Anna verspürte ein unbestimmtes Angstgefühl, wenn die Erwachsenen immer öfter leise und angespannt von Russen, Panzern, Kämpfen und der eventuell bevorstehenden Flucht sprachen. Nun verfolgten die Frauen mit großer Beklemmung am

Radio die Wehrmachtsberichte. Anna merkte, wie die Namen Weichsel, Memel, Ostpreußen und Schlesien im Zusammenhang mit Berichten von erbitterten Kämpfen alle elektrisierten. Der Atlas lag jetzt immer aufgeschlagen auf der Kredenz im Wohnzimmer und die Finger glitten in banger Ahnung über die Landkarte. Durch Deutsch Krone strömten verstärkt Menschen auf der Flucht in Richtung Westen.

Eines bitterkalten Tages Mitte Januar stand plötzlich Opa Luschei mit einem Koffer vor der Wohnungstür. Brigitte öffnete auf das Klingeln hin. Sie starrte ihren Vater erstaunt an.

„Was machst du denn hier?"

Er gab ihr einen flüchtigen Kuss und murmelte: „Ich glaube, mein Hausschlüssel ist im Koffer."

„Das ist doch egal! Ist etwas passiert?"

Er lachte bitter auf: „Ob etwas passiert ist, fragst du, mein Kind? Die lang erwartete Winteroffensive! Unsere Heimat stürzt in das totale Chaos!"

Brigitte war blass geworden: „Komm, mach dich zuerst einmal etwas frisch. Mutti muss jeden Moment nach Hause kommen. Dann berichtest du mal der Reihe nach."

Anna hatte mit Dagmar auf dem Arm im Hintergrund gestanden. Opa Luschei strich den beiden Kindern über die Haare und schüttelte den Kopf.

„Was habt ihr bloß für eine Zukunft!"

Am frühen Abend, als alle zusammensaßen, berichtete er, dass er Litzmannstadt mit einem Verwundetentransport hatte verlassen können. Seine Dienststelle war aufgelöst worden. Die sowjetischen Angriffsspitzen standen kurz vor der Stadt.

„Ihr müsst auch hier weg, und zwar schnell. Die Rote Armee wird über kurz oder lang in Pommern einbrechen. Die Schrekkensnachrichten, wie die Russen mit den deutschen Zivilisten umgehen, sind so ungeheuerlich, dass ich sie nicht beschreiben will."

„Steht es so schlimm?", sagte Brigitte mit belegter Stimme. „Von einem Räumungsbefehl ist aber hier noch nichts bekannt."

Omi Luschei rang die Hände. „Weggehen? Flüchten? Hier ist doch unsere Heimat! Und was wird aus meinen schönen Sachen?"

Er schüttelte verzweifelt den Kopf. „Elisabeth, wir werden sowieso alles verlieren, unser Hab und Gut und unsere Heimat. Aber wir wollen nicht auch noch unser Leben verlieren."

Brigitte hatte ihren Vater noch nie so bitter und niedergeschlagen gesehen. Anna suchte verängstigt Margots Hand.

„In Köln ist auch alles kaputt", sagte diese leise.

„Also, was sollen wir deiner Meinung nach tun, Hans?" Seine Frau hatte sich gefasst.

Er sah alle der Reihe nach mit seinem einen gesunden Auge an. „Wir warten auf keinen Fall auf den offiziellen Räumungsbefehl. Dann könnte schon alles zu spät sein. Ihr habt einen Tag, um das Wichtigste und Notwendigste zu packen. Und dann ab nach Westen. Ihr versucht, nach Köln durchzukommen. Ich bleibe noch einen Tag hier, um einiges zu regeln."

Damit waren die Frauen nicht einverstanden und protestierten heftig.

„Du musst mit uns kommen! Wir sollten unbedingt zusammenbleiben!"

Er schüttelte energisch den Kopf. „Frauen und Kinder werden ohne Mann eher Plätze im Zuge bekommen. Ich schlage mich schon alleine durch."

In der bedrückenden Stille war nur das Ticken der schönen alten Wanduhr zu hören.

In dieser Nacht quälten Anna wirre Träume. Mehrmals wachte sie von Ängsten geplagt auf und schmiegte sich Schutz suchend an Margot, mit der sie nun das Bett auf der Couch teilen musste.

Die Flucht beginnt

Das Packen am nächsten Tag gestaltete sich schwierig, weil die Frauen sich von vielen lieb gewordenen Dingen nicht trennen wollten.

Opa Luschei mahnte immer wieder: „Nur das Wichtigste und Notwendigste! Ihr müsst es ja tragen können.“

Anna war schon nicht mehr in die Schule gegangen und passte nun auf Dagmar auf. Die Kleine trippelte fröhlich krähend zwischen den Erwachsenen und den offenen Koffern hin und her. Anna hatte alle Hände voll zu tun, um zu verhindern, dass sie eingepackte Dinge wieder herausriss. Dagmar wurde deshalb abends früh von ihrer Mutter abgefüttert und ins Bett gebracht. Doch das gefiel ihr gar nicht und sie schrie empört aus Leibeskräften.

„Anna, bleib bei ihr, bis sie eingeschlafen ist“, wies Brigitte sie an.

Und wie schon oft zuvor hockte sich Anna an das Kinderbett, legte eine Hand beruhigend an das Köpfchen und sang leise ein Schlaflied nach dem anderen. Sie hatte bereits den Trick entwikkelt, nach einem Weilchen langsam die Hand zurückzuziehen und sich weiterhin singend und auf Zehenspitzen zur Tür zu schleichen. Wenn sie Pech hatte, setzte dann wieder ein jämmerliches Schreien nach „Ati“ ein und unter deren Seufzern fing das „Spiel“ wieder von vorne an.

Endlich standen die fertig gepackten Koffer und Rucksäcke bereit. Omi Luschei verhängte die Möbel mit Bettüchern und stellte mehrere Pappen auf mit der Inschrift: „Deutsche Kameraden, schont das Eigentum eurer Landsleute!“

Brigitte schüttelte den Kopf. „Was soll das, Mutti? Wenn die Russen kommen, hat das doch überhaupt keinen Sinn.“

Aber ihre Mutter beharrte eigensinnig darauf, es so zu belassen. „Es gibt ein Gerücht, dass deutsche Soldaten in die Wohnungen einquartiert werden."

An diesem Abend gingen alle frühzeitig zu Bett. Doch niemand konnte gut schlafen. Margot und Anna störten sich gegenseitig dadurch, dass sie sich unruhig hin und her wälzten. Anna schreckte immer wieder hoch, weil sich das Schreckgespenst eines Russen in ihre Schlafphasen einschlich. Bisher war ihr ja noch kein russischer Soldat leibhaftig begegnet. Durch die düsteren Erzählungen der Erwachsenen und die allgegenwärtige Propaganda aber war in ihrer Phantasie bei der bloßen Nennung des Wortes „Russe" eine Art Ungeheuer entstanden. Gegen Morgen schlief sie fest ein und wurde erst durch Rumoren und eilige Schritte im Zimmer wieder geweckt.

Es kostete sie Überwindung, das wohlige Bett und die Zuflucht des warmen Körpers ihrer Schwester zu verlassen. Jedoch sie schlüpfte hinaus und schob den schweren Fenstervorhang beiseite. Ein Blick durch die Eisblumen auf den Fensterscheiben zeigte ihr, dass es draußen noch dunkel war.

Omi Luschei hatte bereits die Glut im Kachelofen, die abends mit Asche bedeckt wurde, zu einem lodernden Feuer entfacht. Schweigend wurde das Frühstück eingenommen. Danach verstauten Brigitte und Margot alles Essbare, was sich auf die ungewisse Reise mitnehmen ließ, im Gepäck.

Omi Luschei blieb auf ihrem Stuhl sitzen, den Kopf nach vorne gebeugt.

„Mutti!", sagte Brigitte mit weicher Stimme. Ihre Mutter hob den Kopf und sah sie traurig an, das Gesicht tränenüberströmt.

„Wird es für immer sein?"

„Ich weiß es nicht. Aber jetzt müssen wir fort."

Noch einmal sahen sie in jedes Zimmer, strichen mit den Händen über die schön polierten Möbelstücke. Ein letzter trauriger Blick auf das, was so lange ihr Heim gewesen war, dann setzte sich die kleine Truppe in Bewegung in Richtung Bahnhof. Bis dorthin zog Opa Luschei die Gepäckstücke auf dem kleinen Rodelschlitten.

„Wir lassen den Schlitten am Bahnhof stehen. Er ist zu sperrig, um mitgenommen zu werden."

Wenige, wegen der eisigen Kälte dick vermummte Gestalten begegneten ihnen. In dem dämmrigen Grau des frühen Morgens wurden scheue, flüchtige Blicke ausgetauscht.

Während die Großeltern bei den Kindern und dem Gepäck blieben, versuchten Brigitte und Margot auf dem Bahnhof eine Auskunft über die Abfahrt eines Zuges zu bekommen. Bei 20 Grad Kälte drängte sich eine dichte Menschenmenge auf dem Bahnsteig. Die Wartenden stampften mit den Füßen auf dem schneeverwehten Boden hin und her, um die Blutzirkulation in den Beinen anzuregen.

Margot gelang es, einem überlasteten Bahnbeamten wenigstens die Auskunft zu entringen, dass ein Personenzug erwartet werde. Doch er zuckte die Achseln auf die Frage, wann dieser Zuge kommen und wohin er fahren würde.

„Hast du etwas erfahren?", fragte Omi Luschei, als Margot zurückkam. Kleine weiße Atemwölkchen schwebten zwischen ihren Gesichtern. Margot berichtete von der vagen Auskunft. Doch kurz darauf war tatsächlich das Fauchen und Pfeifen einer Lokomotive zu hören. Opa Luschei umarmte jede seiner Lieben bewegt zum Abschied.

„Bleibt zusammen und passt gut auf euch auf. In Köln sehen wir uns wieder."

„Komm bloß bald nach", rief seine Frau schluchzend. Brigitte wischte sich die Tränen mit dem Ärmel ihres Mantels ab, wo sie sogleich eine dünne Eisschicht bildeten.

Der Personenzug hielt kaum an, als die Menschen auch schon ein rücksichtsloses Gedränge und Schubsen begannen. Jeder wollte mit seinem sperrigen Gepäck in den Zug einsteigen. Die Familie hatte Glück. Genau vor ihr öffnete ein Schaffner eine Tür und half Omi Luschei, Anna und Brigitte, die Dagmar auf dem Arm trug, sogar bei Einsteigen. Margot blieb dicht dahinter. Für Omi Luschei rückte man in einem Abteil noch etwas zusammen, sodass sie einen schmalen Sitzplatz bekam und Dagmar auf den Schoß nehmen konnte.

Anna lockerte den warmen Wollschal, mit dem sie ihr Gesicht wegen der Kälte zur Hälfte bedeckt hatte. Sie setzte sich auf einen ihrer im Gang stehenden Koffer. Der Zug war zum Bersten überfüllt, doch wohl niemand wusste genau, wohin die Fahrt gehen würde. Mit einem Ruck setzte sich die Eisenbahn schwerfällig in Bewegung. Durch den unteren Spalt des Fensters schaute Anna auf vorbeiziehende Landschaft und Ortschaften, bis ihr durch die Eintönigkeit der Geräusche die Augen zufielen. Als sie erwachte, verspürte sie Hunger. Sie zupfte Margot, die neben ihr auf dem Rucksack hockte, am Ärmel.

„Frag Mutti mal, ob ich etwas zu essen haben kann."

Brigitte beugte sich zu ihr herüber. „Anna, wir müssen das Essen einteilen. Ich weiß nicht, wann wir unseren Vorrat auffüllen können. Zu einer bestimmten Zeit bekommt jede etwas." Anna nickte ergeben.

Der Zug blieb des Öfteren auf freier Strecke stehen. Bange Minuten, bis er wieder anruckte und weiterfuhr. Hier und da wurden Ortsnamen gemurmelt, die Anna nichts sagten.

„Ich habe den Eindruck, dass es in Richtung Ostsee geht", flüsterte Brigitte Margot zu.

Plötzlich ging ein Raunen durch den Zug. „Die Oder! Wir sind über die Oder!"

Anna hatte jedes Zeitgefühl verloren. Alles war reduziert auf wenige Dinge: Wann gab es wieder ein wenig zu essen, ein paar Schlückchen zu trinken?

„Trink nicht soviel, sonst musst du zu oft aufs Klo!“ Das war mit Schwierigkeiten verbunden. Manchmal wurde Anna auf diesem Weg über Gepäckstücke von einem Arm zum nächsten gehoben. Hielt der Zug auf einem Bahnhof, reichten schon mal Rote-Kreuz-Schwestern den Flüchtlingen Becher mit heißem Tee ans Zugfenster.

Irgendwann hielt der Zug wieder einmal auf einem Bahnhof. Draußen laute Stimmen.

„Alles aussteigen! Der Zug fährt nicht weiter!“

Die Menschen wurden angewiesen, zu einem nahe gelegenen Flüchtlingslager zu gehen. Die Familie erhielt in einer ausgedienten Werkshalle Schlafstätten zugewiesen. Doch bevor sie sich ermüdet auf die Strohsäcke fallen lassen konnten, mussten sie alle noch eine Desinfektions- und Entlausungsprozedur über sich ergehen lassen. Omi Luschei beschwerte sich empört darüber: „Wir konnten uns zwar einige Zeit nicht waschen, aber wir haben doch kein Ungeziefer!“

Die Sanitäter zuckten gleichmütig die Achseln: „Vorschrift! Der Nächste!“

Jedoch gab es hier endlich wenigstens eine warme Suppe.

Zum ersten Mal als Flüchtlinge einquartiert

Am nächsten Morgen ein neuer Befehl. Die Flüchtlinge wurden auf die umliegenden Dörfer verteilt. Mit einem klapprigen Bus kam die Familie mit anderen in einem Ort namens Hildebrandshagen an. Es war ein recht idyllischer Flecken. Margot und Omi Luschei erhielten eine dürftig möblierte Dachkammer in einem Nebengebäude auf dem prächtigen weitläufigen Rittergut. Ebenfalls per Zwangseinweisung bezog Brigitte mit den beiden Kindern bei einem älteren Lehrerehepaar Quartier in einem hübschen Zimmer.

Kaum angekommen, zog es Anna mit Macht nach draußen. Als sie die Haustüre öffnete, prallte sie heftig gegen die Hausfrau. Frau Schumacher sah sie mit gerunzelter Stirn an.

„Ich hoffe, ihr benehmt euch hier anständig“, fuhr sie das Mädchen an.

Anna sah sie mit ihrem schnellen Lächeln an, liebenswürdig, gewinnend.

„Oh, bitte entschuldigen Sie. Ich wollte Sie nicht erschrecken.“

Das gefiel der Frau. Ihr Gesicht entspannte sich. Sie strich sich ordnend über das straff zu einem Knoten zurückgekämmte Haar.

„Nun ja, nicht so schlimm! Woher kommt ihr denn?“ Anna gab höflich Auskunft. „Na, dann sieh dich mal um. Wenn du wieder ins Haus kommst, zieh aber deine Schuhe aus.“

Das versprach Anna und trabte erleichtert los. Sie sog die frische, kalte Luft ein. Doch es herrschte nicht die beißende Kälte wie in Deutsch Krone.

Zuerst umrundete sie das jetzt im Winter schmucklose Wohnhaus. Eisenklammern an den Fenstersimsen verrieten, dass sie zu einer freundlicheren Jahreszeit Blumenkästen zu halten hatten. Direkt neben dem Gebäude waren grobe Holzscheite ordentlich aufgeschichtet. Aus dem Schornstein quoll Rauch, der den würzigen Geruch nach verbranntem Holz verbreitete. Sie öffnete die Tür mit dem herausgeschnitzten Herzen und warf einen neugierigen Blick in das Klohäuschen. Der Abort war mit einem runden, hölzernen Deckel verschlossen. An einem Nagel an der Wand hingen Zettel aus Zeitungspapier. Brrr, Anna schüttelte sich. Ganz schön kalt, dieses Örtchen benutzen zu müssen.

Die Gartenpforte in dem angrenzenden Zaun öffnete sie nicht. Sie lehnte sich für einen Moment dagegen und schaute in den verschneiten Garten.

Gegenüber gab es einen Hühnerstall und mehrere kleine Kaninchenställe. Erfreut steckte Anna ihren Zeigefinger durch den Maschendraht und streichelte ein weiches Kaninchenköpfchen.

Dann zog es sie weiter zur Mitte des Ortes. Adrette kleine Häuser umstanden den Dorfplatz, dessen Mittelpunkt ein behäbiger Brunnen bildete. Zu gerne würde sie noch den Weg zum Quartier von Omi und Margot suchen, doch sie musste dafür erst Muttis Zustimmung einholen.

„Nein, Anna, bleib jetzt mal hier und pass auf die Kleine auf. Ich muss mich um vieles kümmern. Morgen früh gehen wir zusammen zum Gut."

Frau Schumacher führte Brigitte in die Futterküche. Sie war mit einem kleinen Herd, einem Schrank, Tisch und zwei Stühlen ausgestattet. Die Möbel sahen alt und abgenutzt aus, doch im Schrank standen sogar zwei Töpfe und etwas Geschirr.

„Hier können Sie für sich und die Kinder kochen. Nehmen Sie ruhig von dem Brennholz da draußen."

Brigitte sah Frau Schumacher dankbar an. „Ich hoffe, wir müssen Ihnen nicht zu lange zur Last fallen."

„Das haben wir uns alle nicht ausgesucht", erwiderte diese freundlich. „Es sind schwere Zeiten."

„Ist das ein Schloss?" fragte Anna Brigitte beeindruckt, als sie sich am nächsten Morgen dem Rittergut näherten. „Und hier wohnen jetzt Omi und Margot!"

„Nein, nein“, schwächte Brigitte ab. „Es ist ein sehr, sehr großer Bauernhof mit einem sehr stattlichen Wohnhaus!“

In einem Gebäude neben dem Herrenhaus waren polnische Fremdarbeiter mit ihren Familien und nun auch mehrere deutsche Flüchtlingsfamilien untergebracht. Während die drei Frauen in der Dachkammer über ihre Situation beratschlagten, schlüpfte Anna zur Tür hinaus. In dem Halbdunkel des großen Speichers konnte sie vier andere Türen erkennen. Hinter dreien hörte sie Stimmen. Sie huschte auf die letzte Türe zu. Die Dielenbretter knarrten leise unter ihrem leichten Gewicht. Neugierig lugte sie durch die auseinanderstehenden Holzlatten in einen geräumigen Speicherraum. Ein angenehmer Duft nach Äpfeln zog ihr in die Nase. Zaghaft drückte sie die Türklinke der Lattentür herunter. Sie war unverschlossen. Zu ihrer Überraschung sah sie einen großen Teil des Fußbodens mit Äpfeln bedeckt. Es war zu verführerisch! Mit klopfendem Herzen sammelte sie rasch fünf kleine Äpfel in ihren umgeschlagenen Rock und huschte zurück zu ihrer Familie.

„Wo hast du die denn her?“, fragte Brigitte sehr erstaunt.

Anna berichtete von dem Fundort und setzte etwas verschämt hinzu: „Das merkt sicher niemand. Es liegen ganz viele da!“

Margot stand ihr sofort bei: „Das ist Mundraub und bestimmt nicht verboten.“

Jede bekam ein Äpfelchen und ließ es sich wie eine Kostbarkeit schmecken. Für Dagmar schnitt Brigitte den Apfel in kleine Stücke. Nach jedem Scheibchen rief die Kleine: „Mehr! Mehr!“

Aus Tagen wurden Wochen des Aufenthalts. Anna machte sich rasch mit ihrer neuen Umgebung vertraut. Sie freundete sich mit der Tochter der Gutsbesitzerin, Annemarie, an, die in ihrem Alter war. Sie mochte das lebhafte, freundliche Mädchen mit den blauen Augen und langen blonden Zöpfen sofort. Ihre Spielgefährten waren die vier Kinder der polnischen Fremdarbeiter. Sie sprachen gebrochenes Deutsch, waren aber voller lustiger und auch praktischer Einfälle.

„Anna, die Jungen wollen uns zeigen, wie man eine kleine Hütte aus Stöcken und Zweigen baut.“

Josef, ein zwölfjähriger Junge mit geschorenem Kopf, auf dem nur über der Stirn eine Bürste aus Haaren stand, führte die Kinder an.

„Wir in Wald gehen!“ Sie überquerten ein brachliegendes Feld. Direkt angrenzend begann der Wald. Josef kommandierte: „Dikke Stöcke suchen und dünne!“ Er rollte furchteinflößend die Augen: „Aufpassen! Wildschweine in Wald. Serrr gefärrlich!“

Anna hielt sich dicht neben Annemarie. „Hast du hier im Wald keine Angst?“

„Ich glaube, der Josef übertreibt“, sagte diese beruhigend. Dabei lauschte sie aber doch auf jedes ungewöhnliche Knacken und versuchte mit ihren Blicken das Walddickicht zu durchdringen.

Die Kinder schleppten die Hölzer in eine Ecke des Parks. Unter Josefs Anleitung bohrten sie die dicken Stöcke im Rechteck in den weichen Boden. Die dünnen, biegsamen Zweige flochten sie darin zu vier geschlossenen Wänden, über die wieder andere als Dach gelegt wurden. Josef holte aus der Scheune einen Arm voll Stroh und breitete es auf dem Boden aus.

„Wir spielen Vater, Mutter, Kind“, schlug Annemarie vor. Sie lief rasch in die Gutsküche und bettelte bei der alten Luise um ein paar Esssachen.

„Brot ist nicht zum Spielen da“, verwies diese sie streng.

„Och, Luise, nur ein oder zwei Scheiben Brot. Wir essen sie auch ganz bestimmt auf.“

Luise ließ sich dann doch erweichen und rückte zwei Scheiben Brot und ein paar Möhren heraus. Annemarie trug ihre Schätze zufrieden zurück.

An einem anderen Tag spielten die Kinder „Verstecken“. Der kleinere Stanislaus sollte langsam bis zehn zählen, während die anderen sich versteckten. Annemarie flüsterte Anna kichernd zu:

„Beeile dich, ich glaube, der Stanislaus kann nur bis sechs zählen." Anna lief an dem Löschteich vorbei, auf dem ein paar Enten schwammen. Sie sah sich suchend nach einem geeigneten Versteck um. In ihrer Nähe stand das Aborthäuschen für die polnischen Arbeiter. Rasch öffnete sie die Tür und zog sie hinter sich zu. Angewidert sah sie, dass die Grube bis zum Rand mit Fäkalien gefüllt war und sich rechts und links nur zwei Griffe zum Festhalten befanden. Der Gestank war so unerträglich, dass sie ihr Versteck rasch wieder verließ. Dabei rutschte sie jedoch mit dem rechten Fuß in den Unrat. Sie humpelte voller Ekel zum Teich, um sich zu reinigen, bevor die anderen ihr Missgeschick bemerkten. Doch zu spät! Angeführt von Josef kamen die anderen Jungen heran und brachen in schadenfrohes Gelächter aus.

„Annalein hat Scheiß am Bein!", sangen sie spöttisch mehrmals hintereinander. Anna schossen vor Wut die Tränen in die Augen. Das sollten die Spötter aber nicht sehen. Sie nahm sich zusammen und sagte von oben herab: „Das macht mir gar nichts aus. Ihr seid blöd. Außerdem ist alles schon wieder sauber."

Annemarie stand ihr bei: „Lasst sie in Ruhe, sonst spielen wir nicht mehr mit euch."

In das kleine Schulhaus mit dem einzigen Klassenraum zogen zwei kinderreiche Flüchtlingsfamilien ein. Familien, denen natürlich auch die beiden Väter fehlten. Die Mütter führten über ihre insgesamt 13 Kinder ein strenges Regiment. Anna erzählte zu Hause ganz erstaunt: „Mutti, die Kinder müssen pünktlich um sechs Uhr vor der Schultüre in zwei Reihen hintereinander stehen und ihren Müttern die Hände von beiden Seiten zeigen, ob sie sauber sind. Ich habe gesehen, wie sie am Bach vorher auch ihre Schuhe und Knie sauber gemacht haben. Wenn sie noch drekkig sind, kriegen sie Ohrfeigen."

Brigitte nickte verständnisvoll: „Bei so vielen Kindern geht das wohl nicht anders."

Die tägliche Mühsal der Erwachsenen, Nahrungsmittel herbeizuschaffen, bedrückte auch Anna. Einmal in der Woche musste sie mit Margot zur Bäckerei im zwei Kilometer entfernten nächsten Dorf wandern, um Brot zu kaufen. Ab und zu schnappte sie aus besorgt klingenden Gesprächen zwischen Omi Luschei und Brigitte Vermutungen über den Hergang des Krieges und das weitere Vordringen der Russen auf. Es gab weder Zeitungen noch Radio. Die einzige Nachrichtenquelle war das Gerücht.

Brigitte saß in der Futterküche und schälte ein paar Kartoffeln. Jede Kartoffel trug Nagespuren von Dagmars Zähnchen. Sie patschte mit Begeisterung in das Wasser und grabschte sich jedesmal ein Kartöffelchen. Mit ihren eineinhalb Jahren war sie inzwischen flink auf den Beinen und nichts, was sie mit ihren großen braunen Augen sah und mit den Händen erreichen konnte, war vor ihr sicher.

„O je“, stöhnte Brigitte. „Anna, zieh ihr Jacke und Mütze an und gehe mal mit ihr nach draußen.“

Doch in diesem Moment wurde die Küchentür von außen aufgestoßen und Omi Luschei und Margot traten, atemlos vom schnellen Gehen, ein. Brigitte ließ das Küchenmesser sinken und sah ihre Mutter überrascht an.

„Was ist los?“

„Die Russen sollen die Oder überschritten haben. Es kann nicht mehr lange dauern, dann werden sie auch hier sein. Wir müssen weg. Man sagt, in der Stadt wäre man sicherer“, antwortete sie aufgeregt.

Anna spürte, wie aus der Tiefe ihre Angst emporstieg. Da war wieder dieses Schreckgespenst, das sie in den letzten Wochen tapfer verscheucht hatte.

Sie hätte sich gerne in die Arme ihrer großen Schwester geschmiegt. Doch Dagmar hopste unruhig auf ihrem Schoß herum.

In Annas Kopf überschlugen sich die Gedanken. Sie rief: „Gehen denn alle Leute hier weg? Auch die vom Rittergut?"

„Das wissen wir nicht", gab Omi Luschei zur Antwort. „Wir haben jedenfalls von anderen Flüchtlingen erfahren, dass zahllose Dörfer und Städte von den vorrückenden Russen zerschossen und verbrannt wurden. Deutsche Frauen und Kinder sind schrecklich gequält und auch getötet worden. Aber vielleicht geht es in den Städten zivilisierter zu."

Den Sinn der letzten Worte verstand Anna nicht ganz. Sie spürte nur, wie die Angst in ihr sich wie ein aufgeblähter Luftballon entfaltete und ihr den Atem nahm.

Die besorgten Frauen wägten das Für und Wider ab. Sie kamen zu dem Entschluss, am nächsten Tag ihre Sachen zu packen und nach Grimmen weiterzuziehen.

„Vielleicht kommen wir auch weiter als nach Grimmen", hoffte Margot. Doch Omi Luschei meinte: „Wir müssen es erst einmal bis dorthin schaffen."

In Grimmen

Die kleine Stadt Grimmen war das vorübergehende Ziel vieler Flüchtlinge. Es herrschte ein großes Durcheinander von deutschen Militärfahrzeugen und Flüchtlingswagen unterschiedlichster Art, vom vollbepackten Handkarren bis zum Pferdefuhrwerk. Auf dem zuständigen Amt, das sie nach vielem Fragen und Suchen fanden, bekam die Familie ein Quartier zugewiesen, das sich als recht günstig erwies. Das kleine Reihenhaus in einer ruhigen Nebenstraße gehörte zwei älteren Damen. Die beiden unverheirateten Schwestern nahmen die Flüchtlinge voller Mitleid auf. Das bisherige Wohnzimmer war bis auf wenige Möbel leer geräumt. Das schmale Sofa wurde Annas Schlaflager. Mit Hilfe der alten Damen wurden drei provisorische Schlafstätten hergerichtet. Die breiteste nahm Brigitte mit Dagmar. In der Ecke stand eine Nähmaschine, in der Mitte ein großer, alter Tisch mit drei unterschiedlichen Stühlen.

Bevor man diesen Raum betrat, kam man vom Hausflur aus zuerst in ein kleineres, rechteckiges Zimmer, in dem ein schöner Sekretär mit Sessel stand. Hier brachte die Familie ihre Gepäckstücke unter. Zum Kochen konnten sie die Küche der beiden Schwestern mitbenutzen.

Eines Tages ging Anna mit der Milchkanne zur Molkerei, um Magermilch zu kaufen. Neben der Molkerei befand sich ein Lagerhaus. Schon von weitem bemerkte sie eine große Ansammlung von Menschen vor der Lagerhalle. Neugierig beschleunigte sie ihre Schritte. Als sie näher kam, sah sie auf der Rampe vor dem offenen Tor deutsche Soldaten. Sie waren dabei, die dort gelagerten Lebensmittel auszuräumen und an die Bevölkerung zu verteilen.

Anna quetschte sich durch die Menschenmenge, bis sie vorne stand. Sie hob bittend die Arme. Ein Soldat sah sie lächelnd an und hob einen großen, runden Käse auf ihre Arme. Anna ging ein wenig in die Knie unter dem Gewicht. Doch verbissen kämpfte sie sich mit ihrer Beute durch die Menge. Keuchend kam sie an der Wohnung an. Sie hämmerte mit dem Fuß gegen die Haustür. Brigitte öffnete.

„Ihr müsst schnell zur Molkerei", schrie Anna mit hochrotem Kopf, „nebenan verschenken sie Lebensmittel."

Während Omi Luschei versuchte, die Käseschmiere von Annas dunkelblauem Krimmermäntelchen zu entfernen, hetzten Brigitte und Margot zum Lagerhaus. Doch sie konnten nur noch einen halben Zentnersack Rohzucker ergattern.

In der nächsten Zeit gab es zu jeder der kargen Mahlzeiten Käse und Brotscheiben, dick mit braunem Zucker bestreut.

Omi Luschei sagte am Abend bedrückt: „Dass unsere Soldaten die Läger ausräumen, ist ein schlechtes Zeichen. Sie rücken sicher ab."

„Und wir", murmelte Brigitte, „wir bleiben zurück."

Einige Tage später stand Anna auf der Hauptstraße vor der Bäkkerei geduldig in einer langen Schlange. ‚Hoffentlich gibt es noch Brot, wenn ich an der Reihe bin', dachte sie inbrünstig.

Plötzlich ging ein Raunen durch die Wartenden, das zu hysterischen Rufen anschwoll: „Die Russen kommen! Die Russen sind da!"

Die Schlange löste sich in hektischer Eile auf. Die Menschen liefen in verschiedene Richtungen davon. Anna wurde hin und her gestoßen. Sie rannte von der Hauptstraße blindlings in die nächste Seitenstraße. Doch dann blieb sie stehen und eilte zur Straßenecke zurück. Sie hatte keinen Schuss vernommen und kein Feuer gesehen. Eng in einen Hauseingang gedrückt, hörte sie ein bedrohlich tösendes Rattern, blinzelte bange um die Ecke und sah am unteren Ende der Hauptstraße Panzer auftauchen. Sie ging in die Hocke, machte sich ganz klein, unsichtbar. Ihr Herz klopfte zum Zerspringen. Das sind die Russen! Das sind die Ungeheuer aus meinen schlechten Träumen, dachte sie in Panik. Jetzt war es zu spät, um wegzulaufen. Die russischen Panzer rollten nah an ihr vorbei. Dahinter Männer mit Maschinengewehren. Doch zu ihrem Erstaunen sahen die russichen Soldaten wie Menschen aus, Menschen in Uniformen eben.

Trotzdem, sie musste ihre Familie warnen. Vielleicht wusste sie noch nicht, dass die Feinde jetzt da waren. Es kostete sie große Überwindung, den Schutz des Hauseingangs zu verlassen. Sie hörte, wie über ihr ein klemmendes Fenster geöffnet wurde, und sah an einer Stange ein großes, weißes Tuch flattern. Trotz ihrer Angst sprang sie auf und rannte, wie von Furien gehetzt, bis sie vor ihrer Wohnung stand. Brigitte öffnete.

„Die Russen sind da! Ich habe sie gesehen!", stieß sie atemlos heraus.

Die Haustür wurde hinter Anna fest verschlossen und der Schlüssel daneben an einen Nagel gehängt.

Die fünf Frauen des Hauses standen mit ängstlichen Mienen zusammen im Flur.

„Wir müssen etwas unternehmen", sagte Omi Luschei entschlossen. „Uns drei alten Frauen wird schon nichts passieren. Aber ihr beiden seid sehr gefährdet." Sie sah ihre Tochter und Margot an.

Gemeinsam entwickelten sie einen Plan. An der Rückseite des Hauses befand sich ein kleiner Hof mit einem angebauten Schuppen. Das Spitzdach des Schuppens stieß im Winkel auf die gerade Hausgiebelwand. In dieser von unten nicht einsehbaren Spalte richteten sich Brigitte und Margot mit Federbetten und Dekken ein Schlaflager für die Nacht ein. Die beiden alten Fräulein Mertens halfen ihnen, indem sie hilfsbereit eine Leiter und das Bettzeug anschleppten. Als die Dämmerung hereinbrach, bezogen Brigitte und Margot das luftige Nachtlager. Omi Luschei versteckte die Leiter wieder im Schuppen. Vorher hatte sie ihrer

Tochter ein blechernes Essgeschirr mit einem Löffel in die Hand gedrückt.

„Wenn ihr herunter wollt, klopf ein paarmal mit dem Löffel gegen den Topf.“

In dieser Nacht blieb alles ruhig. Nur aus einer benachbarten Straße dröhnten Musik und lauter, grölender Gesang herüber.

„Das ist die Siegesfeier der Russen“, erklärte Omi Luschei der Enkelin.

Anna lag schlaflos auf dem Sofa, die Decke bis zur Nasenspitze hochgezogen. Sie hörte, wie Omi Luschei sich unruhig hin und her wälzte.

„Omi, vielleicht sind die Russen doch nicht so schlimm“, wisperte Anna leise hinüber, um sich selbst Mut zu machen, aber Dagmar nicht aufzuwecken.

Sie wollte in der Dunkelheit des Zimmers eine vertraute Stimme hören. Omi Luschei seufzte nur verhalten: „Ach Anna!“

Am frühen anderen Morgen, Brigitte und Margot waren noch nicht vom Dach heruntergeklettert, Klingeln an der Haustür und gleich darauf heftige Stöße dagegen. Omi Luschei und Anna fuhren aus dem Schlaf hoch, den sie erst gegen Morgen gefunden hatten.

„Los, Anna, leg dich in Margots Bett“, zischte Omi Luschei. Sie raffte das Bettzeug vom Sofa und warf es auf ihr eigenes Lager. Gleich darauf wurden hintereinander die beiden Zimmertüren aufgerissen. Vier bewaffnete Russen standen plötzlich im Raum. Im Hintergrund schreckensbleich das ältere Fräulein Mertens.

Der Anführer trat vor Omi Luschei. „Wo Soldat?“

„Nix Soldat“, stammelte Omi Luschei. Ihre sonst zu ordentlichen Löckchen gedrehten weißen Haare standen wirr vom Kopf. Der Russe zeigte auf die Kinder: „Wo Frau?“

„Nix Frau, nur alte Babuschka!“, beteuerte Omi Luschei und deutete tapfer auf sich. Auf einen Befehl ihres Anführers untersuchten die andern Russen das Zimmer, sahen unter die Schlafdecken, unter das Sofa und schwärmten dann im Haus aus.

Nun fing Dagmar jämmerlich an zu weinen. Anna schlüpfte rasch zu ihr ins Bett, um sie zu beruhigen, was ihr selbst in ihrer Angst auch ein wenig Trost gab.

Als dieser Spuk vorbei war, sagte Brigitte später zu Margot: „Wir müssen uns irgendwie verkleiden, falls wir mal überrascht oder gesehen werden.“

Von da an liefen sie mit tief gebundenen Kopftüchern und gemalten Runzeln im Gesicht herum.

Am dritten Tag der Besetzung durch die Russen spätnachmittags wieder ein ungeduldiges Klingeln an der Haustür. Auch diesmal öffnete das Fräulein Mertens. Im Vorzimmer ordnete Brigitte mit Anna ein paar Wäschestücke. Beide erstarrten, als ein russischer Offizier in korrekter Uniform mit seinem Burschen eintrat. Er warf Brigitte einen abschätzenden Blick zu und ging sofort weiter auf den nächsten Raum zu. Dort saß Margot, doch ohne ihre Maskerade, an der Nähmaschine. Das dunkle, lockige Haar fiel ihr ins Gesicht. In die Arbeit vertieft, sah sie erst auf, als der Russe vor ihr stand. Und dann geschah etwas Seltsames. Er deutete auf ihre Näharbeit, sagte lächelnd etwas auf russisch, zog sich den rechten Handschuh aus und gab Margot höflich die Hand. Sie blieb unbeweglich sitzen und sah ihn nur ruhig mit ihren dunklen Augen an. Der Offizier ließ den Blick durch das Zimmer gleiten, hob noch einmal grüßend die Hand und verließ mit seinem Begleiter wieder das Haus.

Aufgeregt kamen alle Frauen zusammen und schauten sich verständnislos an.

„Was war das denn?“, stieß Brigitte hervor. „Ich war vor Schreck wie gelähmt.“

„Das ist aber nochmal gut gegangen“, rief Omi Luschei erleichtert aus. Sie hatte sich während dieses „Besuches“ gerade im Schuppen aufgehalten.

„Komisch, ich spürte kein bisschen Angst", wunderte sich Margot. Und zu Brigitte gewandt: „Hast du das gesehen? Der hat mir die Hand gegeben und sich vorher sogar den Handschuh ausgezogen."

Das Erstaunen über diese ungewöhnlich manierliche Begegnung war groß.

Brigitte sagte nachdenklich: „Wenn es aber bei den Russen durchsickert, dass hier zwei junge Frauen im Haus sind, werden sie auch über kurz oder lang unser Versteck finden."

Margot seufzte: „Und wenn es mal regnet, werden wir da oben total eingeweicht."

„Also gut", sagte Omi Luschei, „ich werde mich gleich morgen mal umhören, wo ihr hin könnt. So, nun klettert aber wieder in euren Adlerhorst. Für diese Nacht gibt es keine andere Möglichkeit."

Schlimme Minuten

Diesen Abend würde Anna so schnell nicht vergessen. Im flakkernden Licht eines schlecht brennenden Kerzenstumps half sie Omi Luschei beim Geschirrabwaschen in der Küche.

Da, erneutes brutales Hämmern an der Haustür. Ohne weiter zu überlegen, nahm Anna den Schlüssel vom Haken und schloss die Tür auf. Ein stinkender, betrunkener Russe stieß sie zur Seite, sah das schwache Licht in der Küche und wankte auf Omi Luschei zu.

„Uri! Uri!“, brüllte er. Sie nahm hastig ihre goldene Armbanduhr ab. Er riss sie ihr aus der Hand. An seinem Handgelenk sah Anna schon vier Uhren. Sie drückte sich im Halbschatten an die Wand. Der Russe stieß Omi Luschei auf den Stuhl. „Wo Frau? Frau!“ Als sie den Kopf schüttelte und mit zitternder Stimme entgegnete: „Nix Frau! Nur Babuschka!“, zog er schwankend eine Pistole aus dem Halfter und drückte sie auf ihre Brust. „Wo Frau?“

Anna war, als drücke eine eiserne Faust ihren Magen zusammen. Mit schreckgeweiteten Augen sah sie auf die Waffe. Omi Luschei schüttelte unter Aufbietung ihrer ganzen Kräfte wieder den Kopf und wiederholte krächzend: „Nix Frau! Nur alte Babuschka!“

In dem flackernden Kerzenlicht sah sie mit ihrem totenblassen Gesicht und den weißen Haaren tatsächlich aus wie eine Greisin.

Der Russe ließ unschlüssig den Unterkiefer herunterhängen. Er gab ihr mit der Pistole einen Stoß, dann machte er eine unbeholfene Drehung und wankte zur offenen Haustür wieder hinaus.

Anna erwachte aus ihrer Starre und schloss hastig die Tür zu. Sie lief zu Omi Luschei und schlang weinend die Arme um sie. Einige Minuten blieben sie so eng umschlungen.

„Ich bin schuld! Ich habe ihn hereingelassen!“, schluchzte Anna.

„Beruhige dich, Kind! Wenn du nicht geöffnet hättest, wäre er sicher mit Gewalt eingedrungen. Wir haben ja Glück gehabt."

„Warum fragen die Russen eigentlich immer nach Frauen?", erkundigte sich Anna und wischte sich schniefend die Nase.

„Das erkläre ich dir ein anderes Mal", wich Omi Luschei aus.

Vom Dach her war das vereinbarte Klopfen zu hören. Margot steckte den Kopf über den Mauerrand. „Was war los?", fragte sie flüsternd.

„Bleibt oben! Es ist alles in Ordnung. Morgen erzähle ich euch, was hier los war", flüsterte Omi Luschei zurück.

Schon recht früh am anderen Morgen erschien Johanna Mertens, die zwei Jahre jüngere der alten Damen, mit einer interessanten Nachricht.

„Eine Bekannte hat mir gerade erzählt, dass auf dem Bahnhofsgelände ein paar Güterwagen stehen, in denen sich Flüchtlinge häuslich eingerichtet haben." Alle standen noch unter dem Schock dessen, was Omi Luschei am Abend zuvor erlebt hatte.

„Ja, und?", fragte Brigitte.

Fräulein Mertens zögerte einen Augenblick: „Vielleicht können Sie da unterschlüpfen."

„Meinen Sie, wir wären dort sicherer?"

Margot war nicht überzeugt. ‚Die will uns loswerden', dachte sie.

„Die Waggons werden von einem Posten bewacht, damit sie nicht überfallen werden.", setzte Fräulein Mertens hinzu.

„Das sehe ich mir auf jeden Fall nachher einmal an", meinte Brigitte kurz entschlossen.

„Ich komme mit." Margot sprang auf.

Sie verkleideten sich, so gut es ging. Für einen flüchtigen Beobachter gingen zwei alte Frauen mit schleppenden Schritten die Straße entlang. Ungehindert erreichten sie das Bahngelände.

„Dahinten, das müssen die Waggons sein."

„Siehst du einen Wachposten?“, raunte Brigitte. Margot schüttelte den Kopf. Sie überquerten einige Gleise. Als sie sich den Güterwagen näherten, sahen sie Menschen, die vor kleinen Feuerstellen hockten und sich offensichtlich etwas kochten. Ein alter Mann sprach sie an.: „Seid ihr neu hier?“

Brigitte erklärte ihm ihre Situation. Der Mann nickte. „Kommt ruhig her. Bisher hatten wir keine Belästigungen, außer zwei Kontrollen. Wir rücken zusammen. Merkt euch diesen Waggon hier.“

Eine neue Entscheidung

Brigitte und Margot hielten sich nun schon einige Tage im Güterzug auf. Ihre Behausung bestand aus zwei engen Schlaflagern auf dem Boden, durch zwei Decken von den anderen Mitbewohnern abgetrennt. Anna fand das sehr interessant und gemütlich. Gerne wäre sie hier mit eingezogen. Sie und Omi Luschei brachten den beiden abwechselnd, was sie an Nahrungsmitteln entbehren konnten. Brigitte litt darunter, ihre kleine Tochter nicht bei sich zu haben. Doch bei den primitiven Verhältnissen im Waggon war das nicht ratsam.

Dann brandete eines Tages die Nachricht wie eine Flutwelle durch die Stadt: Der Krieg war aus! Hitler hatte sich mit seiner Geliebten Eva Braun, die er noch einen Tag vorher geheiratet hatte, das Leben genommen. Deutschland hatte diesen sinnlosen Krieg, der den Menschen soviel Leid brachte, verloren.

Am 8. Mai war die Kapitulation unterzeichnet worden.

Das Flüchtlingsgetriebe, ein Kommen und Gehen, erfüllte die kleine Stadt ständig mit Unruhe. Die Übergriffe der russischen Soldaten auf die weibliche Bevölkerung hatten zwar abgenommen, doch wurden die Häuser geplündert. Alles Wertvolle sollte in die Sowjetunion transportiert werden.

Die beiden jungen Frauen trauten sich nun auch hin und wieder aus ihrem Versteck in die Stadt. Brigitte erkundigte sich auf der Kommandantur vorsichtig über die Möglichkeiten, einigermaßen gefahrlos weiter nach Westen zu kommen. Dabei erfuhr sie, dass die Sowjets sich bemühten, die in ihrem Machtbereich angetroffene ostdeutsche Bevölkerung zur Rückkehr in ihre Heimatgebiete zu drängen.

„Man hat mir versichert, dass sich das Leben im Osten wieder normalisiert hat."

Sie saßen im Haus der Mertens und steckten die Köpfe zusammen.

Anna, mit Dagmar beschäftigt, spitzte die Ohren und hörte zu ihrem Erstaunen ihre Stiefmutter plötzlich sagen: „Also nach allem, was ich erfahren habe, wäre es am besten, wenn du, Mutti, mit den beiden Kindern zurück nach Deutsch Krone fahren würdest. Da bist du in deiner Heimat, hast deine Wohnung. Margot und ich versuchen unterdessen, uns nach Köln durchzuschlagen. Die Stadt soll ein einziger Trümmerhaufen sein. Aber dorthin wird Fritz kommen und uns suchen."

„Vielleicht ist Vati aber in Gefangenschaft", gab Margot zu bedenken.

Omi Luschei wiegte bedenklich den Kopf. „Ob das mit der Normalität im Osten, in Deutsch Krone, aber stimmt? Ich kann das kaum glauben!"

Doch auch die am nächsten Tag noch einmal eingeholten Auskünfte bestätigten eindringlich die vorherigen Aussagen der offiziellen Stelle.

Und so wurde von den Erwachsenen der Familie ein Entschluss gefasst, den später alle einmal sehr bereuen sollten.

Anna konnte es nicht fassen. Sie begann unter Tränen zu quengeln: „Aber warum fahren wir nicht alle zusammen nach Deutsch Krone? Oder lieber alle nach Köln?"

Brigitte antwortete geduldig: „Das habe ich dir doch erklärt, Anna. So, wie wir es vorhaben, ist es für euch wohl am besten. Wenn wir in dem zerstörten Köln eine Bleibe gefunden haben, bringt die Omi euch später dorthin."

Margot nahm Anna traurig in die Arme. „Wer weiß, was uns noch alles bevorsteht!" Sie flüsterte ihr ins Ohr: „Aber sei tapfer! Wir Kölnerinnen sind doch stark!", und brachte mühsam ein klägliches Lächeln zustande.

Schmerzliche Rückkehr

Der ziemlich ramponierte Personenzug, der Omi Luschei mit den Kindern wieder zurück nach Deutsch Krone bringen sollte, war nur schwach besetzt. In dem Abteil saß außer ihnen noch eine Frau. Die beiden Frauen tauschten gleich angeregt ihre schlimmen Erlebnisse aus. Als ihr Gegenüber einmal das Abteil verließ, sagte Anna: „Omi, die hat bestimmt Läuse oder Flöhe. Sie kratzt sich andauernd."

„Sieh mal, Anna, nun sind wir bald wieder zu Hause." Omi Luschei zeigte froh auf die vertraute Landschaft, die der Zug passierte.

Doch auf dem Deutsch Kroner Bahnhof schwand ihre zuversichtliche Stimmung. Gruppen von Menschen, die sich in polnischer Sprache unterhielten, lagerten mit Gepäckstücken auf dem Boden oder standen diskutierend zusammen.

„Das ist kein gutes Zeichen, diese vielen Polen", murmelte Omi Luschei nachdenklich. „Du bleibst mit der Kleinen erst einmal hier und ich sehe nach meiner Wohnung."

Das war nicht nach Annas Sinn. Sie fasste sich ein Herz. „Omi, lass mich doch zuerst gucken, was da los ist. Ein Kind fällt weniger auf. Und ich kann sehr schnell laufen."

Omi Luschei zögerte, dann gab sie nach. Sie setzte sich mit Dagmar und dem Gepäck vor dem Bahnhof auf eine niedrige Mauer. Anna aber lief los. Viele Gebäude, an denen sie vorbeikam, wiesen Einschusslöcher auf, einige waren zerstört. Das ehemals so schmucke deutsche Offizierskasino machte einen verwahrlosten Eindruck. Auf den unteren Fenstersimsen hockten zu ihrem Erstaunen tatsächlich Hühner. Als sie sich der Scheerstraße näherte, sah sie auf dem Rasenstück neben dem Wohnhaus Nr. 1 einen zerschossenen Panzer stehen. Doch die Häuser der Straße schienen alle unversehrt und viele auch bewohnt zu sein. Laute in einer fremden Sprache drangen an ihr Ohr. Die Erkenntnis durchfuhr Anna siedend heiß: Hier lebten keine Deutschen mehr. Die Menschen, die sie vor den Haustüren und hinter den unverhüllten Fenstern sah, waren Polen oder Russen.

Das Haus Nr. 1 schien nicht bewohnt zu sein. Sie drückte sich mit klopfendem Herzen an der Hauswand entlang und schlüpfte rasch durch den Eingang, dem die Tür fehlte, ins Innere. Lauschend blieb sie stehen. Nichts war zu hören. Der Flur und die Treppe, die zum ersten Stock führte, waren übersät mit Papieren und Unrat. Das Geländer lag zerbrochen daneben. Vorsichtig, jederzeit bereit zur Flucht, schlich Anna in Omi Luscheis Wohnung. Doch nichts erinnerte mehr daran, dass hier einmal ein gemütliches Heim gewesen war. Kein Möbelstück, kein einziger Gegenstand war mehr vorhanden, der Boden bedeckt mit Mörtel und Dreck. Durch die zerbrochenen Fensterscheiben wehte Staub herein. Selbst die Badewanne war herausgebrochen. Omis Traum von einem schönen warmen Bad würde sich nicht erfüllen.

Anna drehte sich verzagt um. In der gegenüber liegenden Wohnung das gleiche Bild. Auf Zehenspitzen überwand sie die Stufen zu den beiden oberen Etagen. Immer wieder blieb sie lauschend stehen. Aber im Haus war es still.

Im ausgeraubten Keller watete sie förmlich durch Papier. Woher mochte das sein? Sie hob zwei, drei beschriebene Blätter auf und ließ sie wieder zu Boden flattern.

Bevor sie das Gebäude verließ, lugte sie vorsichtig hinaus. Niemand kümmerte sich um sie. So schnell sie vermochte, lief sie den Weg zum Bahnhof zurück. Omi Luschei sah ihr mit großen, bangen Augen entgegen. Außer Atem berichtete Anna leise, was sie vorgefunden hatte. Omi Luschei drückte Dagmar fest an sich. Sie kämpfte vergebens gegen die Tränen an.

„Mein Gott, was mache ich nur?“, murmelte sie mit erstickter Stimme.

Anna hockte sich traurig neben sie auf das Mäuerchen.

„Komm, Anna, nimm dein Bündel und den kleinen Koffer. Wir müssen sehen, wo wir die Nacht verbringen. Hier können wir nicht bleiben." Omi Luschei hatte ihre Fassung wieder gefunden. In einiger Entfernung gingen zwei ältere Frauen vorbei. „Die sehen aus wie Deutsche. Anna, lauf ihnen mal nach. Frag, ob ich sie sprechen kann."

Es waren tatsächlich Deutsche. Von ihnen erfuhren sie, dass die deutschen Flüchtlinge bzw. Rückkehrer in dem ehemaligen Volksschulgebäude untergebracht wurden. „Das ist ja meine Schule", stieß Anna hervor.

Ein Sanitäter nahm sie in Empfang. „Tja, gute Frau, die Schule ist schon überfüllt."

„Aber ich kann doch mit den beiden Kindern nicht auf der Straße schlafen", rief Omi Luschei erregt aus.

Er kratzte sich sein unrasiertes Kinn: „Ich kann Ihnen höchstens noch zwei Strohsäcke geben. Die legen Sie dann abends in die Raummitte."

Er führte sie in ein ehemaliges Klassenzimmer. Ringsum an den Wänden entlang saßen oder lagen Frauen und Kinder auf Strohsäcken, die Zwischenräume mit Gepäckstücken zugestopft.

„Hier ist aber kein Platz mehr!", herrschte eine magere, grauhaarige Frau sie unfreundlich an.

„Die Frau mit den Kindern schläft nachts hier, und damit basta!", gab der Sanitäter grob zurück.

Eine sogenannte Lagerleitung bestand aus einer übermüdeten Ärztin, dem Sanitäter und einem Kriegsversehrten, der für den einigermaßen reibungslosen Ablauf innerhalb des Lagers verantwortlich sein sollte.

Die hygienischen Verhältnisse waren katastrophal. Dort, wo Omi Luschei abends ihre Schlaflager aufschlug, saßen am Tage immer einige Mitbewohner an dem einzigen Tisch, kämmten sich die Haare und suchten sich gegenseitig die Läuse von den Köpfen ab. Es dauerte nur einen Tag, bis auch Anna, Omi Luschei und Dagmar anfingen, sich die Köpfe zu kratzen.

Die Toilettenanlagen befanden sich in unbeschreiblichem Zustand. Deshalb verrichteten die Menschen ihre Notdurft einfach auf dem Platz dahinter. Wenn Anna diesen Platz aufsuchen musste, schlug ihr schon in einiger Entfernung ein bestialischer Gestank entgegen.

„Omi, ich gehe da nicht mehr hin, sonst wird mir schlecht und ich muss mich auch noch übergeben“, klagte Anna.

Mit den Örtlichkeiten wohl vertraut, fanden sie weiter entfernte kleine, heimliche Plätze.

Und dann brach die Ruhr aus. Vor allem viele kleine Kinder überstanden die schreckliche Krankheit nicht. Scheu sah Anna, wie fast täglich kleine, längliche Holzkisten aus dem Schulgebäude getragen wurden.

Im Schulkeller hatte sich ein älterer Mann eine behelfsmäßige Werkstatt eingerichtet. Von der Lagerleitung wurde er mit kleinen Reparaturarbeiten beauftragt. Doch jetzt bestand seine Hauptarbeit darin, kleine und große Särge zu zimmern.

Omi Luschei hielt sich mit den Kindern möglichst wenig im Gebäude auf.

„Anna, wir müssen viel an die frische Luft, damit wir nicht krank werden.“

Nur begleitete sie stets die Sorge, dass während ihres Wegseins etwas von ihren wenigen und deshalb so kostbaren Habseligkeiten gestohlen würde. Das Geld, das sie vor ihrer Flucht aus Deutsch Krone von ihren Konten abgehoben hatte, trug sie immer am Leib. Doch für das Geld konnte sie hier nichts kaufen.

Einmal am Tag wurde auf dem Schulhof ein undefinierbarer Eintopf verteilt, um den sich die Menschen drängten.

Während Anna mit Dagmar an der Hand spazieren ging oder sich kleine Spiele ausdachte, unternahm Omi Luschei oft Streifzüge durch ihre Heimatstadt. Jedoch, es war nicht mehr „ihre" Stadt. In so kurzer Zeit hatte sich das vertraute Bild verfremdet. Von ihren Freunden und Bekannten traf sie bei vorsichtigen Recherchen niemanden mehr an. Nur um ihre Wohnung machte sie nach Annas Schilderungen einen großen Bogen. Zu bitter wäre für sie der Anblick gewesen. Äußerlich unterschied sie sich mit dem umgebundenen Kopftuch und den einfachen Kleidungsstükken nicht von der neuen Bevölkerung, die nach ihren Beobachtungen immer mehr anschwoll.

Der Hauptgrund für ihre Streifzüge aber war die Suche nach etwas irgendwie Essbarem. Dazu gehörte das Aufspüren von Obst und Beeren in verwilderten Gärten, wie auch von Kräutern, von denen sie viele kannte, an Wegrändern und auf Wiesen. Zweimal ging Anna mit mehreren Frauen „in die Pilze". Ihren Anteil schmorte Omi Luschei in einem Kochgeschirr, natürlich ohne Fett, auf der aus vier Steinen bestehenden Kochstelle, einer von zahlreichen auf dem Hof. Fast täglich schnitt sie Mengen von Brennnesseln, um daraus Gemüse zu dünsten oder Brennnesseltee herzustellen.

„Großer Gott, die Kleine ist krank. Sie hat Fieber und Durchfall", rief eines Abends Omi Luschei in höchster Erregung aus. „Anna, bleibe bei ihr, ich suche die Ärztin."

Dagmar lag mit hochroten Fieberbäckchen auf dem Lager. Wimmernd streckte sie Anna die Ärmchen entgegen und rief: „Ati! Ati!"

Anna streichelte ihr angstvoll den Kopf. „Ich bin ja bei dir!"

Wie befürchtet, war Ruhr die Diagnose der Ärztin.

„Ich habe zur Zeit keine Medikamente mehr. Geben Sie ihr abgekochtes Wasser zu trinken. Sie darf nicht austrocknen. Zu essen nur Haferschleim. Lassen Sie sich etwas Haferflocken in der Küche geben."

Dagmars Zustand verschlechterte sich zusehends. Sie lag wie ein schlaffes, junges Vögelchen in Omis Armen, erschreckend abgemagert. Der kleine Körper krümmte sich unter Krämpfen. Doch er schied nur noch blutigen Schleim aus. Anna wich nicht von Dagmars Seite. Ständig musste sie an die schmalen Holzkisten denken.

In einer dieser Nächte hatte Anna zum ersten Mal den Alptraum, der sie noch viele Jahre quälen würde: Ein russischer Soldat bedrohte mit einem Revolver eine Frau. Anna konnte die Frau im Traum nicht richtig erkennen, doch sie wusste, dass es Omi war. Sie sah, wie der Soldat den Finger krümmte; ein Schuss peitschte. Anna fuhr mit einem Schrei von ihrem Lager hoch.

„Anna, beruhige dich! Du hast schlecht geträumt", flüsterte Omi Luschei neben ihr.

Drei Tage später wühlte Omi Luschei in ihrem Gepäck. Sie zog ein Kleid von sich und Annas Sonntagskleid mit der schönen Stickerei, Margots blau eingefärbtes und für Anna passend gemachtes Kommunionkleid, hervor und wickelte eine goldene Brosche hinein.

„Du bleibst schön bei ihr. Ich versuche, am Bahnhof bei den Polen etwas zu essen einzutauschen", flüsterte sie Anna zu. Diese nickte mit hohlen Augen.

Vor dem Bahnhof betrieben die Polen einen kleinen Markt. Dort bot Omi Luschei die Kleider zum Tausch gegen Lebensmittel an. Zwei Polinnen mäkelten gestenreich an den gut erhaltenen Kleidern herum. Als Omi Luschei noch die Brosche hinzulegte, erhielt sie in alte Zeitungen gewickelt zwei Hände voll Suppenknochen, ein halbes Brot und drei Eier.

Mit ihren Schätzen eilte sie zurück. Aus den Knochen und einigen Kräutern kochte sie eine kräftige Brühe. Löffelchenweise flößte sie sie sodann ihrer kleinen Enkelin ein.

„Was machen Sie denn da?" Die Ärztin hatte den Raum betreten und schlug entsetzt die Hände zusammen. „Wollen Sie das Kind umbringen?“

Omi Luschei richtete sich auf. Mit blitzenden Augen, doch mit ruhiger Stimme antwortete sie: „Sie sehen ja, in welchem Zustand meine Enkelin ist. Wenn sie weiterhin nur Wasser und Wassersüppchen bekommt, stirbt sie mir unter den Händen. Sie braucht etwas Kräftigendes.“

Die Ärztin zog wütend die Oberlippe über die Zähne zurück. „Hoffentlich wissen Sie, was Sie da anrichten.“

Das Wunder geschah! Sehr langsam, aber stetig erholte Dagmar sich. Zwölf Tage lang hatte Omi Luschei Tag und Nacht um sie gekämpft, hatte gegen das Fieber kühle Wadenwickel gemacht, die Stirn gekühlt, feuchtwarme Wickel auf den kleinen, eingesunkenen Leib gelegt, den faltigen, wunden Popo sanft gepflegt.

Die Suppenknochen wurden mehrmals gekocht, um immer wieder eine stärkende Brühe zu bekommen. Alles, was sie noch entbehren konnte, tauschte Omi Luschei bei den Polen gegen Lebensmittel ein.

Das Gesicht noch blass und verfallen, wurden die Augen des Kindes aber wieder klar. Eine Zentnerlast fiel der Großmutter von der Seele. Ihre Augen lagen in tiefen Höhlen, die Kleidung schlotterte um den mageren Körper. Aber sie konnte wieder lächeln. Auch Anna wurde es leicht ums Herz. Sie hatte unsagbar mit ihrer kleinen Schwester gelitten.

Beim ersten Spaziergang trug Omi Luschei Dagmar auf dem Arm. Das Kind war schwach und musste erst wieder laufen lernen. Es hatte kaum die Kraft, das Köpfchen hochzuhalten. Da zeigte Anna auf einen Kindersportwagen, der verdreckt und ohne Räder an einem Wegrand lag.

„Sieh mal, wenn der Räder hätte, könnte ich Dagmar darin spazieren fahren.“

Omi Luschei sah sich das Gestell prüfend an. „Ja, vielleicht können wir damit etwas anfangen. Und sobald die Kleine ein bisschen kräftiger ist, werde ich nach einer Möglichkeit suchen, dass wir schleunigst hier wegkommen.“

Noch am selben Tag holte sie das Kinderwagengestell, reinigte es und schleppte es in die kleine Werkstatt im Schulkeller. Herr Wagner besah es sich und brummelte vor sich hin: „Tja, lassen Sie es mal hier. Will sehen, was ich tun kann.“

Nach einigen Tagen präsentierte der Tüftler stolz sein Werk. Von einem Baumstamm hatte er vier runde Scheiben abgesägt und davon Räder angefertigt.

„Sie sind ein Künstler, Herr Wagner!“, lobte Omi Luschei begeistert. Sie schob den Sportwagen probeweise auf dem Kellerflur hin und her. Die Räder drehten sich rumpelnd und schwerfällig, aber sie rollten.

„Was bin ich Ihnen schuldig? Ich kann Ihnen nur deutsches Geld geben. Zlotys habe ich nicht.“

„Schon gut! Geben Sie mir vier Mark. Ich werde sie eines Tages brauchen können.“

Annas Freude über den Kinderwagen verging rasch. Omi Luschei ging nun täglich mehrmals zum Bahnhof, um Erkundigungen einzuziehen. Bei gutem Wetter schob Anna dann das Wägelchen mit Dagmar um das Schulgebäude herum, was sie nur unter Aufbietung ihrer geringen Kräfte schaffte. Je nachdem, auf welchen Boden sie kam, musste sie sich förmlich gegen die Lenkstange stemmen, um weiterzukommen. Sie setzte sich dann oft auf einer Wiese in die Sonne. Dagmar verfolgte mit ihren dunklen Augen, die in dem winzigen Gesicht noch größer erschienen, jede ihrer Bewegungen. Aus Gänseblümchen flocht Anna ein Kränzchen und legte es sich auf den Kopf. Ein Lächeln flog über Dagmars Gesicht. „Ati! Will haben!“, sagte sie. Da wand Anna ihr die Blumen um das dünne Ärmchen.

Im Mai und Juni kehrten zwar immer mehr Deutsche nach Deutsch Krone zurück. Doch das Verhältnis zwischen den hier schon niedergelassenen Polen und Deutschen war sehr schlecht. Deutsche, alte Männer, Frauen und Kinder, wurden für Feldarbeiten eingesetzt oder als Bedienstete für Russen und Polen.

Als Omi Luschei an einem Nachmittag von ihrem Erkundungsgang zurückkehrte, bemerkte Anna eine ungewohnte Erregung an ihr. Die Großmutter sah sie bedeutsam an.

„Morgen früh versuchen wir, endgültig von hier wegzugehen!"

Sie hatte beobachtet, dass fast täglich Güterzüge mit allen möglichen Gütern beladen in Richtung Osten fuhren. Aber auch in der entgegengesetzten Richtung fuhren Züge, die außer Personenwagen auch Güterwagen führten. Auf diesen Güterwagen befanden sich zumeist Menschen, Polen, auch Ukrainer, wie sie erlauscht hatte, wenn die Züge in Deutsch Krone anhielten. Sie würde sich mit den Kindern unter diese Polen mischen, wenn ein Zug in Richtung Westen fuhr. An manchen Tagen fuhren auch ganze Sonderzüge mit deutschen Vertriebenen durch, die zwar am Deutsch Kroner Bahnhof die Fahrt verlangsamten, aber selten anhielten.

So setzte Elisabeth Luschei am nächsten Tag ihren Entschluss um, gezwungenermaßen zum zweiten Mal ihre Heimat zu verlassen. Sie liebte die schöne Landschaft, sie hing an ihrer kleinen Heimatstadt. Die Vernunft und die Verhältnisse aber hießen sie Abschied nehmen. Ob sie jemals zurückkehren würde?

Anna war ganz kribbelig zu Mute. Nun fuhren sie doch nach Köln. Vielleicht waren sie in ein paar Tagen schon dort.

Wieder unterwegs

Der frühe Morgen versprach ein schöner Julitag zu werden. Viel zu packen hatten sie nicht. Von ihren Schicksalsgenossen im Raum der Notunterkunft verabschiedeten sie sich kurz mit Handschlag. Es hatte sich in den vergangenen Wochen eine gute Zweckgemeinschaft entwickelt. Frau Riedel, eine Ostpreußin, strich Anna über die Wange und sagte mit gepresster Stimme: „Viel Glück auf den Weg, Marjellchen!“

Omi Luschei lud einige Bündel zu Dagmar auf den Kinderwagen. Besser als zu schieben war, das Wägelchen zu ziehen. Anna trug einen Rucksack und den kleinen Koffer, in dem sich Anziehsachen von Dagmar, ein Federbettchen und der Nachttopf befanden.

Auf dem Bahnhof, in einiger Entfernung von der Stelle, auf der sie sich erst einmal niederließen, bot sich Anna ein erstaunlicher Anblick. Eine polnische Familie lagerte zwischen Gepäckstücken auf dem Boden.

„Omi, guck dir das einmal an“, flüsterte Anna.

Zugedeckt mit einem roten Federbett lag dort ein Mädchen in Annas Alter. Im Arm hielt sie eine Ziege, die geduldig mit unter der Decke ruhte. Omi Luschei zog die Mundwinkel herab und sagte leise: „Typisch polnische Wirtschaft!“

Fauchend kündigte sich ein Personenzug an. Der Zug hielt kreischend. In Omi Luscheis Gesicht trat ein gespannter Ausdruck. An allen geöffneten Fenstern zeigten sich russische Soldaten. Einige stiegen aus. Der Aufenthalt dauerte an. Da sprang aus dem Wagen, der vor ihnen stand, ein Soldat. Er kam auf sie zu. In seinen Händen trug er etwas, das in Zeitungspapier eingewickelt war. Er legte es auf Dagmars kleine Hände, strich ihr über den Kopf und war gleich darauf im Zug verschwunden, der wieder anfuhr. Omi Luschei sah ihm verdattert nach, dann zog sie vorsichtig das Papier auseinander. Es waren gekochte kalte Pellkartoffeln. „Nein, so etwas!“, staunte sie.

Die Sonne stand schon hoch, als sich wieder ein Zug näherte, langsam fuhr und auch anhielt.

„Los, Anna, hier versuchen wir es!“

An einige Personenwagen waren Loren angehängt. Auf diesen offenen Güterwagen saßen gedrängt in Grüppchen schon viele Menschen. Omi Luschei half Anna hinaufzuklettern. Ein uniformierter polnischer Milizangehöriger zeigt sich hilfsbereit. Er wuchtete den Kinderwagen in die Höhe, sodass Omi Luschei, die hinterher kletterte, ihn auf die Plattform ziehen konnte, und sprang ebenfalls hinauf. Erleichtert ergriff sie seine rote, kräftige Hand und drückte sie. „Danke“

Er sah sie aus schmalen Augen an. Vielleicht hatte er sie für eine Polin gehalten. Da trat sie ganz nahe an ihn heran und sagte leise: „Bitte! Helfen Sie mir. Bleiben Sie in unserer Nähe.“

Sie hoffte inbrünstig, dass er sie verstand. In seinen Augen erschien ein schwaches Lächeln. Wortlos ließ er sich neben ihnen nieder. Erleichtert zog Omi Luschei Anna an sich und flüsterte ihr ins Ohr: „Sprich möglichst nicht, damit niemand hört, dass wir Deutsche sind. Und pass mit auf die Kleine auf. Wenn sie etwas sagen will, lenk sie ab.“

Der Zug fuhr langsam an. Anna war sehr eingeschüchtert. Sie fühlte ängstlich, dass sie sich in einer nicht ungefährlichen Lage befanden. Die Erzählungen der Erwachsenen in der Notunterkunft handelten ständig von Plünderungen, Mord und Totschlag an Deutschen. Aus den Augenwinkeln beobachtete sie drei Männer, die ihnen am nächsten hockten. Ihre Kleidung war schmutzig und zerschlissen. Der eine schüttete aus einem Beutelchen etwas Tabak auf ein Stück Zeitungspapier und drehte sich eine Zigarette. Die beiden anderen saßen mit gekreuzten Beinen und hochgezogenen Schultern daneben. Gepäck sah Anna nicht. Lediglich einen olivgrünen großen Beutel trug jeder von ihnen umgehängt. Ihre Blicke aus zusammengekniffenen Augen glitten über den Kinderwagen und die Gepäckstücke, blieben an dem Milizsoldaten hängen und wichen aus.

„Ati!“ Anna legte ihr Gesicht nahe an das ihrer kleinen Schwester. Sie summte ihr leise eine Melodie vor. Omi Luschei reichte ihr ein Stückchen Brot, das die Kleine fest umklammerte. Das gesummte Lied und das gleichmäßige Geräusch des langsam fahrenden Zuges wirkten einschläfernd auf das Kind. Ringsumher hörte Anna sonst nur gedämpft Laute in fremden Sprachen. Hin und wieder hielt der Zug quietschend an. Menschen sprangen ab, andere auf den Zug auf. Kilometer um Kilometer entlang der Schienenstrecke waren wie eine Mauer unzählige Möbelstücke abgestellt. Anna sah sogar einen schimmernden, großen Flügel dabei. Welcher Künstler mochte auf diesem schönen Instrument gespielt haben? Sie stieß Omi Luschei an und machte sie wortlos darauf aufmerksam. Diese wisperte ihr ins Ohr: „Alles Beutestücke. Die werden nach Russland transportiert.“

Bis zum Abend verschwanden immer mehr Menschen von den Loren, wenn der Zug auf freier Strecke kurz anhielt.

Es war dunkel geworden, als die Räder ganz stehen blieben. Omi Luschei sah sich alarmiert um. Die Mitreisenden sprangen ab und zerstoben in alle Richtungen. Der Milizsoldat bedeutete ihr in gebrochenem Deutsch, die Nacht nicht auf dem Güterwagen zu bleiben. Zu gefährlich! Er half ihnen noch hinunterzusteigen. Plötzlich griff er nach dem kleinen Koffer und verschwand damit im Dunkel des Abends.

„Oh, Omi, er hat uns bestohlen“, schluchzte Anna auf. Ihre ganze Angst vor dieser feindlichen Dunkelheit und der schlimmen Situation, in der sie sich befanden, löste sich in diesen verzweifelten Schluchzern auf. Nun fing auch Dagmar zu weinen an. Omi Luschei nahm sie auf den Arm und beruhigte sie mit heiserer Stimme, ihre Hände zitterten.

„Der Mann wollte wohl seinen Lohn dafür, dass er uns ‚beschützt' hat. Er wird sich gewaltig ärgern, wenn er den Koffer öffnet und darin nur ein Federbettchen und einen Nachttopf findet. Sei nicht traurig, die Sachen waren nicht sehr wichtig."

Schemenhaft sahen sie einige Meter neben dem Gleiskörper hohe Büsche.

„Anna, nimm, was du tragen kannst. Wir verstecken uns da im Gebüsch. Den Kinderwagen müssen wir erst mal stehen lassen."

Vorsichtig, um nicht zu stürzen, tasteten ihre Füße über die Unebenheiten. Die Zweige des Gebüschs schlossen sich hinter ihnen. Auf der weichen Erde ließen sie sich nieder. Omi Luschei legte die Arme um die beiden Kinder. Einige Zeit lauschten sie noch auf fremdartige Geräusche, Schreie und Stimmen. Doch sie schienen weit entfernt zu sein.

Trotz der unbequemen Stellung umfing sie alle drei für ein paar Stunden ein gnädiger Schlaf.

Der Morgen graute. Omi Luschei bewegte sich sacht. Alle Glieder taten ihr weh. Die Kinder erwachten. Jeder bekam eine kleine Essration. Anna bog die Zweige auseinander.

„Der Kinderwagen steht noch da", sie schluckte, „aber der Güterzug ist weg."

Sie klopften Erde und Blätter von ihrer Kleidung. Auf dem Nachbargleis in ca. 100 Meter Entfernung stand ein Güterzug mit Waggons. Einige der Schiebetüren waren offen.

„Anna, kannst du Menschen sehen?"

„Ja, ich meine, es hätte sich etwas bewegt."

„Komm, wir versuchen es."

Der Kinderwagen wurde wieder mit Dagmar und dem Gepäck beladen. Rumpelnd zogen sie ihn über die Eisenbahnschwellen. Nach einigen Metern blieb Omi Luschei schwer atmend stehen.

„So kommen wir nie dort an."

Sie nahm Dagmar huckepack auf den Rücken und drückte Anna noch ein Bündel in die Hände. Nun ging es besser. Durch den leichten Frühnebel näherten sie sich dem letzten Waggon. Die Schiebetür stand einen kleinen Spalt offen. Ehe Omi Luschei hineingucken konnte, erschien das misstrauische Gesicht einer Frau in der Öffnung. Sekundenlang starrten sie sich an.

„Deutsch?", fragte Omi Luschei zaghaft.

Das Misstrauen verschwand aus dem Gesicht, die Frau nickte müde: „Ja, wir sind deutsche Flüchtlinge."

„Fährt der Zug Richtung Westen?"

Die Frau schob mit Anstrengung die Tür weiter auf, sie zuckte die Schultern.

„Eigentlich wissen wir gar nicht, wo es hingeht, ob und wann der Zug weiterfährt. Die Waggons sind schon sehr voll. Die meisten Leute schlafen noch. Aber Sie können ja nicht mit den Kindern hier stehen bleiben."

Omi Luschei sah sie dankbar an. Die Frau half ihnen hinaufzuklettern. Und auch der kostbare alte Kinderwagen fand noch eine Lücke.

Anna sah sich im Innern um. Eng beieinander lagen und saßen die Menschen. Sie kratzte sich heftig den Kopf. Die Läuse machten ihr zu schaffen. Es roch nach menschlichen Ausdünstungen, muffigen Kleidern und Urin. Zwei junge Mädchen sprangen vom Waggon ab, reckten sich und sogen die frische Morgenluft ein. Plötzlich ging ein Ruck durch die Menschenreihen. Die Köpfe fuhren hoch. Sie lauschten gespannt. Von der Lokomotive am Anfang des Zuges war ein Zischen und Stampfen zu hören, er setzte sich langsam in Bewegung. Die beiden Mödchen kamen hastig zurück.

„Wir fahren weiter!", riefen sie erfreut.

Anna zupfte die Großmutter am Ärmel. „Hast du noch etwas zu essen? Mir ist ganz schlecht vor Hunger."

Omi Luschei kramte in einem Beutel und holte für jeden eine Scheibe Brot und eine Mohrrübe heraus. Dagmar nagte heißhungrig an dem Brot und Anna biss abwechselnd ganz kleine Stücke von Brot und Mohrrübe ab, um möglichst lange etwas davon zu haben. Ihre Großmutter rückte an die Frau heran.

„Wie lange sind Sie denn schon unterwegs?“

„Schon viele Tage. Ich habe jegliches Zeitgefühl verloren“, war die Antwort.

Die Frauen unterhielten sich halblaut. Dagmar fing an zu weinen. Sie hatte Durst. Omi Luschei beförderte aus dem Beutel eine fleckige Birne. Sie schnitt sie in zwei Hälften und gab jedem Kind eine halbe Frucht

Sie setzte die Kleine auf ihren Schoß, und während die an der Birne luschte, wiegte sie sie beruhigend hin und her.

Obgleich der Zug immer wieder anhielt, kamen sie trotzdem ohne andere Störungen gut weiter. Am Abend passierte der Zug den Bahnhof von Stargard. Und dann, ohne es in der Dunkelheit zu merken, erreichten sie die Oder.

Anna erwachte, wieder standen die Räder still. Sie stahl sich von ihrem Lager, drückte sich durch den offenen Türspalt und sprang hinunter, um rasch ihre Notdurft zu verrichten. Die frische Morgenluft vertrieb die Schläfrigkeit aus ihrem Kopf. Am Horizont wurde es licht. Dort ging die Sonne auf, dort war Osten. Sie blickte in die entgegengesetzte Richtung. Wie weit war es wohl noch bis Köln? An die schmutzige Zugwand gelehnt, überfiel sie in diesem stillen Moment ein schreckliches Gefühl der Einsamkeit, des Alleinseins.

Jetzt wurden Stimmen laut. Anna kletterte wieder hinauf in den Waggon. Sie hatte doch noch ihre kleine Schwester und die Omi.

Wie meistens, sprang zuerst ein Gerücht von Waggon zu Waggon, das besagte, die Zugfahrt endete hier und an dieser Stelle. Doch dann wurde es offiziell. Frauen in Schwesterntracht, angeführt von einem als Sanitäter gekennzeichneten Mann, gingen am Zug entlang. Sie forderten die Insassen auf auszusteigen. Am Ufer der Oder war ein großes Auffanglager errichtet für die Vertriebenen.

Anna stellte sich rasch auf das Lagerleben ein. Es hatte seine Vorteile. Sie waren für einige Zeit nicht mehr irgendwelchen unheimlichen Gefahren ausgesetzt, hatten eine Schlafstätte und bekamen etwas zu essen.

Eine Brücke führte über die Oder. Den Lagerinsassen war es nicht erlaubt, über die Brücke zum andern Ufer zu gehen. Dort lag das Städtchen Angermunde. Ein bewaffneter russischer Wachposten verhinderte das Betreten der Brücke.

Eines Tages drückte sich Anna in der Nähe des Brückenpostens herum. Zu gerne wäre sie einmal hinüber nach Angermunde gelaufen. Da winkte der Soldat ihr zu, näher zu kommen. Schüchtern ging sie auf ihn zu. Er reichte ihr eine Feldflasche, sagte: „Wasser“, und deutete auf den Posten auf der anderen Brückenseite. Überrascht, ob sie ihn richtig verstanden hatte, tippte sie mit dem Finger auf sich und fragend auf das jenseitige Ufer. Er nickte, sagte noch mal: „Wasser“, und schob sie zwei Schritte auf die Brücke. Da lief sie flink hinüber. Auf der anderen Flussseite füllte der Posten die Flasche aus einem großen Gefäß mit Wasser. Die beiden Wachsoldaten hatten sich mit schrillen Pfiffen verständigt.

Aus Langeweile hielt sie sich manchmal in der Nähe des Brückenaufgangs auf. Der Posten wurde in diesen Tagen nicht ausgewechselt. Er kannte sie schon und machte ein freundliches Gesicht, wenn er sie sah. Am dritten Tag schob Anna sich wieder heran. Sie fragte ihn: „Wasser?“ Er nickte, lachte und gab ihr die Flasche. Als sie mit der gefüllten Flasche zurückkam, wagte sie einen Vorstoß. Sie tippte auf sich und fragte: „Ich Angermunde?“

Er nickte gutmütig, drehte sich herum und stieß auf den Fingern zwei schrille Pfiffe aus. Anna sah ihn unsicher an. Doch er nickte noch einmal und entließ sie mit einer Handbewegung. Da rannte sie den Weg ein zweites Mal zurück. Der andere Posten ließ sie gewähren. Atem holend verlangsamte sie ihr Tempo. Ihr schlechtes Gewissen darüber, dass sie Omi Luschei nicht um Erlaubnis für diesen Ausflug gebeten hatte, hielt sich in Grenzen. Bald würde sie ja zurück sein.

Während sie durch die Straßen der Kleinstadt schlenderte, trafen viele neugierige, aber auch mitleidige Blicke das abgemagerte Kind in der armseligen Kleidung. Anna bemerkte es gar nicht.

Vor einer Bäckerei blieb sie stehen und betrachtete voll Verlangen die wenigen Auslagen. Sie sog den Duft von frisch gebackenem Brot ein, der ihr aus der offenen Tür entgegenwehte. In diesem Moment erschien die Bäckersfrau im Eingang. Sie sah Anna freundlich an. Auf ihrer weißen Schürze war kein Fleckchen zu sehen.

„Möchtest du etwas?"

Anna schüttelte verlegen den Kopf. „Ich habe kein Geld und keine Brotmarken."

„Bist du aus dem Flüchtlingslager?"

Anna nickte. Ihr wurde der krasse Unterschied zwischen der sauber gekleideten Frau und ihrem eigenen schäbigen, schmutzigen Aussehen bewusst. Hoffentlich bemerkte die Bäckersfrau nicht, dass sie Läuse hatte. Sie unterdrückte das zwanghafte Bedürfnis, sich auf dem Kopf zu kratzen, und fuhr nur einmal mit der Hand über ihre Augenbrauen. Hin und wieder verirrte sich dorthin eine Laus.

„Bleib mal hier stehen! Geh nicht weg! Ich komme gleich wieder", sagte die Bäckerin. Kurz darauf kam sie zurück. Sie drückte Anna eine Papiertüte, gefüllt mit duftenden, frischen Brötchen, in die Hände.

„Du hast sicher Hunger, nicht wahr?"

Anna wurde rot vor Verlegenheit und Freude. Sie nickte, machte einen Knicks und stammelte: „Vielen Dank!"

Auf dem Rückweg ins Lager verschlang sie heißhungrig zwei der knusprigen Brötchen. Die anderen brachte sie froh zu Omi Luschei und Dagmar.

Die Großmutter war während des tagelangen Lageraufenthaltes unermüdlich auf der Suche nach einer Möglichkeit, weiter nach Westen fahren zu können. Am Tag nach Annas „Ausflug" nach Angermunde erfuhr sie bei der Lagerleitung, dass abends ein Transport nach Berlin abfahren würde. „Warum nicht Berlin?",murmelte sie.

In aller Eile machte man sich auf, um in dem Zug Plätze zu ergattern. Es gelang ihnen aufatmend, in einem schon überfüllten Zugabteil unterzukommen. Von dem sperrigen Kinderwagen mussten sie sich jedoch zu Omi Luscheis Leidwesen trennen.

„Wann fährt der Zug denn endlich ab?" Anna hockte müde auf ihren Gepäckstücken.

„Ich hoffe bald!"

Die Dunkelheit hüllte den Zug ein. Doch noch immer rührte sich nichts. Anna versuchte, mit angezogenen Beinen auf dem Boden eine Ruheposition zu finden. Sie fiel in einen unruhigen Schlaf. Plötzlich raue Stimmen vor dem Zug und im Gang. Das Wort „Plünderer" schrillte durch den Zug. Da erhob sich mit einem Mal eine unglaublich laute Bassstimme. Ein Mann in Eisenbahneruniform zwängte sich durch den Gang zur Tür hin. Er brüllte mit seiner tiefen Stimme: „Macht ihr wohl, dass ihr verschwindet, oder muss ich euch Beine machen?"

Das Erstaunliche geschah. Nur mit der Macht seiner Stimme vertrieb er das Gesindel in die Dunkelheit. Die verängstigten Zuginsassen lachten erleichtert auf. Kurz darauf setzte sich der Zug schwerfällig in Bewegung.

Am frühen Morgen erreichten sie das stark zerstörte Berlin. Hier verließ Omi Luschei mit den Kindern den Transport.

„Wir versuchen, auf eigene Faust weiterzukommen. Niemand weiß, wohin der Flüchtlingszug geleitet wird“, erklärte sie Anna.

Sie schleppten sich mühsam weiter. An einer niedrigen Mauer vor einer Unterführung hielt Omi Luschei an.

„Bleibt hier sitzen. Ich muss mich mal nach dem Weg erkundigen.“

Anna setzte sich mit Dagmar auf die Mauer. Sie kämpfte gegen ein Schwindelgefühl an. Wahrscheinlich der leere Magen! Zwei Mädchen in ihrem Alter mit ineinander verschränkten Armen kamen an ihr vorbei. Sie sangen unbekümmert: „Zwischen Berg und tiefem, tiefem Tal saßen einst zwei Hasen. Sie fraßen ab das grüne, grüne Gras bis auf den Rasen.“

Anna sah ihnen trübe nach. Sie hatte das Lied früher auch gesungen. Doch das musste hundert Jahre her sein, in einer Zeit, als sie sich noch satt essen, baden und saubere Kleider anziehen konnte und nicht den Kopf voller Läuse hatte. Sie kratzte sich vorsichtig, weil die Kopfhaut durch die Parasiten und das viele Kratzen schon an vielen Stellen entzündet war. Wenn immer sie sich unbeobachtet wusste und eine glatte Fläche zur Verfügung hatte, suchte sie mit den Fingerspitzen geschickt auf ihrem und auch auf Dagmars Kopf nach den Quälgeistern und knackte sie mit dem Daumennagel voller Wut kaputt. Aber aus den zahllosen Nissen, die an den Haaren saßen, erwuchs immer wieder Nachschub.

Omi Luschei kam zurück. „Kommt, Kinder! Dahinten ist eine Bude, dort kann man heiße Brühe kaufen.“

Nach dem heißen, salzigen Getränk fühlte sich Anna etwas besser.

„Wir müssen zu einem anderen Bahnhof“, erklärte Omi Luschei. „Das ist zu Fuß noch ein langer Weg.“

Sie kamen durch eine Straße, in der zwischen den Ruinen noch zwei, drei Häuser nur halb zerstört waren. Um einen Hydranthen standen Frauen mit Eimern, um Wasser zu holen. Omi Luschei nestelte die zerbeulte blecherne Milchkanne von Annas Rucksack.

„Spring mal hin und fülle sie mit Wasser!“

Als sie an der Reihe war, trank Anna zuerst einmal in langen, durstigen Zügen, füllte die Kanne wieder auf und lief der Großmutter hinterher.

Mit einem Mal blieb diese wie angewurzelt vor einem kleinen Geschäft stehen. Hinter dem staubigen Schaufenster standen in Reih und Glied Kinderwagen.

„Moment mal, hier gehe ich rein.“ Mit Dagmar, die sie huckepack auf dem Rücken trug, betrat sie das Geschäft. Nach einiger Zeit erschien sie wieder mit einem nagelneuen Kindersportwagen. Anna konnte es nicht fassen.

„Konntest du den einfach so kaufen? Einfach so?“

Omi Luschei nickte glücklich. „Ja, ist das nicht großartig? Sie haben mir den ohne Bezugschein verkauft. Jetzt wird es etwas leichter für uns.“

Sie setzte Dagmar in das Wägelchen und packte ihre Bündel und einen Koffer mit dazu, sodass von dem Kind nur noch der Kopf herausschaute.

„Lass mich auch mal fahren.“

Anna schob los. Es war wirklich fabelhaft, wie leicht der Kinderwagen, selbst mit der Belastung, zu schieben war.

Diesmal saßen sie alleine in dem Zugabteil.

„Omi, was hast du? Geht es dir nicht gut?“

Anna sah ihre Großmutter verängstigt an. Das bleiche Gesicht wirkte eingefallen. Die blauen Augen, die sonst so energisch blikken konnten, sahen trübe aus. Das weiße Haar war, wie immer in den vergangenen Monaten, mit einem inzwischen schmuddeligen bunten Tuch hoch gebunden. Ein paar Strähnen hingen daraus hervor.

„Kind, wir steigen bei nächster Gelegenheit wieder aus", antwortete sie mit schleppender Stimme

„Aber warum denn?" Anna war erschrocken.

„Ich fühle mich sehr schlecht und krank. Vielleicht finde ich irgendwo einen Arzt. Hier im Zug ist das nicht möglich. Ich muss auch an euch denken."

Dagmar plärrte los. Ihr heiss geliebter Schnuller war auf den schmutzigen Boden heruntergefallen. Anna hob ihn auf und säuberte ihn, so gut es ging. Der Zug verlangsamte sein Tempo. Omi Luschei erhob sich schwerfällig, klappte den Kinderwagen auf und belud ihn mit dem Gepäck. Anna stellte Dagmar auf die Füße. Doch die hob die Ärmchen und bettelte: „Kaka Arm."

„Nein", sagte Anna streng, „Kaka kann selbst ein Stückchen gehen", und führte sie an beiden Händen zum Ausgang. Als sie aussteigen wollten, half ihnen ein Mann hilfsbereit.

„Haldensleben", las Anna auf dem Bahnhofsschild. Dunkle Regenwolken entluden gerade jetzt ihre Last, und wie ein dichter Vorhang strömte der Regen auf den kleinen Bahnhof.

Sie warteten den Regenschauer in dem Bahnhofsgebäude ab, bis er in feinen Nieselregen überging. Der Bahnhofsvorsteher blieb bei ihnen stehen. Nicht unfreundlich fragte er: „Wohin wollen Sie denn?"

Omi Luschei packte die Gelegenheit beim Schopf. „Wir benötigen dringend vorübergehend eine Unterkunft."

Er sah sie abschätzend an. „Das Bürgermeisteramt weist Flüchtlinge und Vertriebene in Quartiere ein. Das Amt ist nicht weit von hier entfernt", sagte er und erklärte ihr den Weg dorthin.

Sie wurden auf einem bäuerlichen Anwesen zwangseinquartiert und erhielten ein paar Lebensmittelmarken.

Die Bäuerin zeigte ihnen mürrisch eine Kammer über dem Eingangstorbogen.

Aufatmend streckte Omi Luschei sich auf dem Bett aus. „Ich muss mich zuerst mal etwas ausruhen.“

Auf dem altmodischen Toilettentisch standen eine Waschschüssel aus Porzellan und eine Kanne.

„Anna, hol unten an der Pumpe mal etwas Wasser. Wir müssen uns waschen. Geh aber achtsam mit der Porzellankanne um.“

Nachdem sie sich ein wenig verschnauft und notdürftig gereinigt hatte, raffte sich Omi Luschei auf, ging zur Bäuerin und bat darum, ihr gegen Marken einige Lebensmittel zu verkaufen. Die Frau trat einen Schritt zurück und musterte sie geringschätzig. Doch dann verkaufte sie ihr widerwillig ein wenig von ihren Vorräten. Omi Luschei fühlte sich durch das Verhalten der Frau förmlich gedemütigt. Es wurde ihr zu deutlich gemacht, dass sie hier nicht willkommen waren.

Als Anna am nächsten Morgen die Augen öffnen wollte, gelang ihr das nicht. Sie waren geschwollen und die Wimpern völlig verklebt.

„Omi, hilf mir! Ich kann meine Augen nicht aufmachen“, rief sie verängstigt. Die Großmutter weichte mit einem nassen Lappen die Verkrustungen auf und löste die Wimpern voneinander. In den beiden darauf folgenden Tagen bedeckte sich die Kopfhaut mit übel riechenden, eitrigen Schwären, in denen die Haare festklebten. Morgens musste sie immer zuerst die Wimpern mit Wasser betupfen und reinigen. Sie traute sich kaum, das Zimmer zu verlassen. Wenn sie Wasser holen ging, band sie sich ein Kopftuch um.

Am zweiten Tag klagte Omi Luschei über starke Kopf- und Kreuzschmerzen. Sie spürte, dass sie Fieber hatte. Da klopfte es an der Kammertür.

„Guten Tag, ich bin die Gemeindeschwester. Kann ich etwas für Sie …“ Sie brach ab, als sie Anna sah. „Mein Gott, du armes Kind!“, rief sie mitfühlend aus. Mit einem zweiten Blick auf die

Großmutter stellte sie fest: „Sie sind krank und brauchen einen Arzt. Ich werde mich gleich nachher darum kümmern.“ Sie betrachtete Annas Kopf und schnalzte bedauernd mit der Zunge. Aus ihrer großen Tasche holte sie eine Schere: „Hab keine Angst! Wie heißt du?“, fragte sie Anna freundlich. „Ich muss jetzt deine Haare bis auf die Kopfhaut abschneiden, damit ich deinen Kopf desinfizieren und behandeln kann.“

Anna sah sie unter ihren geschwollenen Lidern traurig an.

„Die Haare wachsen ja wieder nach“, sagte die Schwester tröstend. Als sie mit ihrer unappetitlichen Arbeit fertig war, stellte sie trocken fest: „Da haben die Läuse und schmutzige Fingernägel ja ganze Arbeit geleistet.“

Sie säuberte die Wunden und wickelte einen Verband um Annas Kopf.

„Nun hast du einen hübschen weißen Turban“, scherzte sie aufmunternd. „Morgen komme ich wieder und wechsele den Verband.“

Dann wandte sie sich Omi Luschei zu. Sie maß Fieber, tastete vorsichtig den Leib ab und fragte nach der Art des Stuhlgangs. Benommen gab die Kranke Auskunft.

„Ich werde so schnell wie möglich den Arzt informieren.“

Nachdem die Gemeindeschwester das Zimmer verlassen hatte, dauerte es keine halbe Stunde, als es wieder klopfte. Der Arzt, ein älterer Mann, schob seine massige Gestalt herein. Dagmar erschrak bei seinem Anblick. Weinend klammerte sie sich an Anna.

„Na, na, na, ich tue dir doch nichts“, beschwichtigte er sie mit tiefer, lauter Stimme. Er ging auf Omi Luschei zu, untersuchte sie mit bedächtiger Gründlichkeit und nahm ihr etwas Blut ab.

„Tja, liebe Frau“, er zögerte einen Moment, ehe er ihr seine Diagnose mitteilte, „Sie haben Typhus. Ich bin sicher, dass ich im Blut Bakterien finden werde. Sie müssen umgehend ins Krankenhaus.“

Omi Luschei starrte ihn an und stöhnte: „Um Gottes willen!“

Nachdenklich sah der Arzt zu den beiden Kindern hinüber. „Was fange ich denn nun mit euch an?“

Er zückte seinen Block und schrieb eine Überweisung für das Krankenhaus.

„So, ich weise die Kinder als typhusverdächtig mit ein“, erklärte er seiner Patientin. „Dadurch ist erst einmal für sie gesorgt.“

Im Krankenhaus

Die Hundesburg bei Haldensleben war in ein provisorisches Notkrankenhaus umgewandelt worden. Anna guckte neugierig durch das Fenster des Krankenwagens und war vom Anblick des alten Schlosses sehr beeindruckt. „Ob es hier auch Gespenster gibt?“, fragte sie Omi Luschei mit leiser Stimme. Doch die hatte erschöpft die Augen geschlossen.

Ein Arzt und eine Krankenschwester nahmen die Kranke in Empfang.

„Ihr müsst euch jetzt von eurer Oma verabschieden. Sie kommt auf eine andere Station als ihr“, erklärte die Schwester Anna.

„Seid brav! Und – Anna, kümmere dich um die Kleine!“, konnte Omi Luschei gerade noch mit matter Stimme sagen, ehe sie weggefahren wurde.

Anna schossen die Tränen in die Augen. Sie umklammerte Dagmar fester. Die Krankenschwester sah sie mitleidig an.

„Sei nicht traurig. Deiner Oma wird jetzt geholfen und auf der Kinderstation sind noch viele andere Kinder.“

In einem Saal standen ringsherum Feldbetten, die zum größten Teil mit Kindern belegt waren. Neugierig wurden die Neuankömmlinge beobachtet. Anna und Dagmar erhielten zwei Betten nebeneinander zugewiesen.

Eine junge Schwester führte beide Kinder in einen auf einfachste Weise eingerichteten Baderaum. „Ich bin Schwester Inge“, stellte sie sich Anna vor.

In der großen Zinkwanne nahmen die Kinder nach Monaten das erste Bad. Dagmar wehrte sich zuerst schreiend und zappelnd. Doch Anna beruhigte sie alsbald. Das warme Wasser tat den Kindern unglaublich wohl. Nach dem Bad wurde Annas Kopf erneut verarztet und bandagiert. Anschließend untersuchte sie beide ein müde wirkender Arzt.

„Total unterernährt! Sonst fehlt den beiden aber nichts", teilte er der ihm assistierenden Schwester mit. „Doch bei der Krankheit der Großmutter behalten wir sie erst einmal zur Beobachtung hier."

Als sie wieder in den Schlafsaal zurückkehrten, schob sich ein Mädchen mit blonden Zöpfen an Anna heran.

„Ich heiße Rosemarie, und du?" Anna nannte ihren und Dagmars Namen.

„Wie alt bist du denn?"

„Ich werde bald elf Jahre. Mein Schwesterchen ist zwei Jahre."

„Ich bin zehn Jahre alt." Sie wies auf den Verband. „Hast du eine Kopfverletzung?"

„Ja, so etwas Ähnliches", gab Anna ausweichend zur Auskunft.

„Soll ich dir nach dem Essen die Burg zeigen? Überall können wir nicht rein, weil es da ansteckende Krankheiten gibt. Aber unten im Kellergewölbe kann man prima Verstecken spielen."

Anna machte es Freude, dem munteren Plappern des Mädchens zuzuhören. Es war so lange her, dass sie mit Gleichaltrigen sprechen und spielen konnte.

Dagmar entwickelte sich in den folgenden Tagen zum Liebling des Pflegepersonals. Mit ihren großen, dunklen Augen in dem kleinen, spitzen Gesicht strahlte sie jeden an, der freundlich mit ihr sprach, allerdings nur, solange Anna in ihrer Nähe war.

„So ein liebes Kind!", sagten die Schwestern. „Es weint nie, macht nie ins Bett und isst so brav."

Anna war stolz, wenn sie das hörte, denn das alles war ihr Werk. Es machte ihr auch nichts aus, dass ihre Rolle dabei offensichtlich nicht zur Kenntnis genommen wurde. Sie umgab die kleine Schwester mit all der Liebe und Fürsorge, die ihr selbst so lange nicht mehr zuteil geworden war. Beim Essen fütterte sie

Dagmar. Wenn abends das Licht im Schlafsaal ausging, dauerte es keine zwei Minuten, bis sie das Tappen kleiner Füße hörte.

„Ati, lafen!", forderte Dagmar. Und eng aneinander gekuschelt schliefen sie in Annas Bett ein. Doch vorher setzte sie die Kleine noch aufs Töpfchen und wiederholte das, wenn sie nachts unruhig wurde.

Eines Tages bahnte sich Ungemach an. Dagmars Schnuller, ohne den sie nie einschlafen wollte, war weg. An welchen Stellen Anna auch suchte, er war wie vom Erdboden verschwunden. Abends fing Dagmar an zu jammern. Anna wiegte sie in den Armen und sang ihr leise ein Liedchen ins Ohr. Darüber schlief die kleine Schwester dann doch ein. Aufatmend legte sich Anna auf den Rücken und verschränkte die Arme hinter dem Kopf. Ihr fiel ein, dass sie im Gang auf einem hohen Fenstersims eine leere Babyflasche mit Schnuller gesehen hatte. Sie war verwundert darüber gewesen. Wer mochte das Fläschchen wohl dorthin gestellt haben? Jetzt kreisten ihre Gedanken um diesen Platz. Leise stieg sie von ihrer knarrenden Bettstatt. Im Schlafsaal rührte sich nichts. Durch die Fenster fiel bleiches Mondlicht. Die anderen Kinder schliefen fest. In ihrem dünnen Nachthemd schlich sie barfuß über den eiskalten Fußboden. Die Türklinke der hohen Saaltür ließ sich geräuschlos herunterdrücken. Doch die Tür knackte zweimal beim Öffnen. Jedes Mal hielt Anna erschrocken inne. Nun musste sie noch einen der beiden Stühle, die im Schlafsaal standen, in den Flur tragen. Als sie auf den Stuhl stieg, reichte sie gerade mit den Fingerspitzen an das Fenstersims. Mit einem kleinen Hopser brachte sie die Flasche zum Wackeln, die kippte nach vorne und Anna schnappte sie mit beiden Händen. Aufatmend lehnte sie ihre Stirn eine Sekunde an die kalte Wand. Sie stellte die Flasche auf den Boden und löste den Schnuller ab. Der Rückweg ging auch glatt vonstatten. Als sie wieder zu Dagmar unter die warme Decke kroch, verbarg sie ihre Trophäe befriedigt unter dem Kopfkissen. Morgen würde sie sie reinigen.

Eine herbe Enttäuschung

„Schwester Margret, ich möchte gern wissen, wie es meiner Großmutter geht. Können Sie mal nachfragen?“ Anna sah die Pflegerin bittend an.

„Ja, mein Kind, ich werde mich erkundigen.“

Am Nachmittag rief die Schwester, eine mütterliche Frau mit ausladenden Hüften und gewaltigem Busen, sie zu sich.

„Anna, deiner Oma geht es schon viel besser. Sie hat wohl das Schlimmste hinter sich.“

„Oh, Gott sei Dank“, stammelte Anna voll Freude. Nun würden sie sicher bald weiterreisen können.

Am nächsten Tag wurden die Kinder wieder einmal untersucht. Bei dieser Gelegenheit nahm der Arzt auch zum ersten Mal Abstriche im Rachen vor.

Nach einer knappen Woche wurde Anna vormittags zum Arzt gerufen.

„Passt du mal eben auf Dagmar auf?“, bat sie Rosemarie. Was mochte der Arzt von ihr wollen, überlegte sie auf dem Weg zum Sprechzimmer. Der Kopfverband war inzwischen nicht mehr notwendig. Bis auf einige Schorfstellen heilte die Kopfhaut sehr gut. An ihren geschorenen Kopf hatten sich Anna und auch die anderen Kinder längst gewöhnt.

Sie klopfte an die Tür und betrat das Arztzimmer. Der Arzt sah sie über den Rand seiner Brille ernst an.

„Setz dich, mein Kind. Ich muss mit dir sprechen.“

Verwundert ließ Anna sich auf der Stuhlkante nieder. Ihr Herz begann schneller zu schlagen. Ob etwas mit der Omi nicht stimmte?

„Anna, wir haben heute das Ergebnis des Rachenabstriches bekommen. Es wurde festgestellt, dass du Diphtheriebazillenträgerin bist.“

Sie verstand nicht. „Was ist das?“

„Es bedeutet, dass du selbst zwar gesund bist, aber ansteckende Bazillen der gefährlichen Krankheit Diphtherie in dir trägst. Du bist dadurch eine Gefahr für andere. Deshalb musst du auch auf eine andere Krankenstation verlegt werden.“

Anna sprang auf. „Aber mein Schwesterchen kommt mit!“

Der Arzt schüttelte bedauernd den Kopf. „Das geht leider nicht. Du könntest deine kleine Schwester anstecken.“

Anna war fassungslos. Durch ihre Tränen sah sie den Arzt nur verschwommen.

„Ich kann sie doch nicht alleine lassen!“, rief sie erregt. „Wir sind seit zwei Jahren Tag und Nacht zusammen und ich habe sie noch nie angesteckt.“

„Nun beruhige dich. Sie bleibt ja nicht alleine.“

Ihr heftiger Protest half nichts. Sie sank auf den Stuhl zurück.

„Wie lange dauert das denn mit den ansteckenden Bazillen?“

„Du bekommst Medizin und es wird jede Woche ein Abstrich von dir entnommen, wie du das ja schon kennst. Wenn dieser Abstrich dreimal hintereinander negativ, d. h. in Ordnung ist, können wir dich entlassen.“

Wie in Trance ging sie zurück in den Schlafsaal. Es wurde für Anna ein herzzerreißender Abschied von Dagmar, die sie mit großen Augen ansah und nicht verstand, warum ihre Ati so schrecklich weinte.

Das Zimmer, in das Anna geführt wurde, war mit fünf Frauen belegt. Anna bekam das sechste Bett zugewiesen, das in einer Ecke stand.

„Na so was, wir bekommen Herrenbesuch!“, scherzte eine Frau mittleren Alters. Anna schaute sich suchend um, doch dann ging ihr auf, dass man sie mit ihrem kahl geschorenen Kopf für einen Jungen hielt. Rot vor Verlegenheit sagte sie mit leiser Stimme: „Ich bin ein Mädchen und heiße Anna.“

Die Frau sah sie erschrocken an. „Oh, entschuldige! Wie dumm von mir!“

Anna saß zusammengesunken auf ihrem harten Bett. Doch während die beiden älteren Frauen teilnahmslos an die Zimmerdecke sahen, versuchten nun die drei anderen Frauen freundlich, das Kind aufzumuntern.

Sie gluckten wie drei Hennen um ein Küken, stellten mitfühlende Fragen und fanden tröstende Worte. Obwohl Anna merkte, dass die Frauen ihre Neugier befriedigen wollten, tat ihr die Anteilnahme sehr wohl.

Nach einigen Tagen hatte sie sich an die neue Situation gewöhnt, wenn ihre Gedanken auch ständig um ihre kleine Schwester kreisten. Um sich zu beschäftigen, bemühte sie sich, den Patientinnen in ihrem Zimmer viele kleine Hilfeleistungen zu erbringen. Den Schwestern ging sie bei der Essensverteilung zur Hand. Schwester Ursula brachte ihr ein Buch mit.

„Wenn du Lust hast zu lesen, Anna, sag es mir. Ich habe noch eine Menge Mädchenbücher von mir von früher zu Hause.“

Anna war hocherfreut. Sie las sehr gerne.

In der zweiten Woche strich sie unruhig um die viel beschäftigte Schwester Ursula herum.

„Na, was hast du auf dem Herzen?“

„Ich möchte so gerne wissen, wie es meinem Schwesterchen und meiner Omi geht.“

Kurz darauf berichtete die Schwester, dass die Genesung der Großmutter gute Fortschritte mache und sie Anna herzlich grüßen lasse.

„Dein Schwesterchen ist jetzt in einem Zimmer mit kleineren Kindern zusammen.“

So gleichmütig wie möglich fragte Anna: „Ist das auch hier auf dem Flur?“

„Nein, nein, Zimmer 24 befindet sich auf dem oberen Stockwerk."

Annas Herz machte einen kleinen Hüpfer. Nach dem Abendessen, das früh eingenommen wurde, sagte sie zu ihrer Bettnachbarin, Frau Leiseifer: „Ich springe auf dem Flur noch ein bisschen mit dem Springseil." Das hatte die ihr geschenkt und sie nickte ihr lächelnd zu. Anna zog sich ihr Strickjäckchen über. Sie war fast herausgewachsen. Die dunkelblaue Trainingshose hatte sie im Krankenhaus bekommen und die zu langen Beine umgeschlagen.

Von ihren Streifzügen mit Rosemarie, wenn Dagmar mittags schlief, durch das alte Schloss waren ihr die meisten Flure und auch geheimnisvoll erscheinende schmale Gänge recht vertraut. Es gab kleine, unscheinbare Türen, die aber zumeist verschlossen waren. Das hatte ihre Phantasie entzündet.

Jetzt lief Anna flink wie ein Wiesel den trübe erleuchteten Gang entlang. Von diesem Gang führte eine enge, gewendelte steinerne Treppe ins obere Stockwerk. Rasch hatte sie eine Tür mit der Zahl 24 gefunden. Auf diesem oberen Gang war niemand zu sehen. Sie legte ihr Ohr lauschend an die massive Holztür und vernahm leises Kinderweinen. Sie öffnete die Tür und schlüpfte hinein. In dem schwach erhellten Raum standen fünf Gitterbettchen. Eines der Kinder saß aufrecht und weinte jämmerlich. Sie fand Dagmar im zweiten Bett schlafend. Doch auf den schlimmen Anblick, der sich ihr bot, war Anna nicht gefasst gewesen. Gesicht und Hände der kleinen Schwester waren übersät mit roten Pusteln, viele davon blutig aufgekratzt. Vielleicht waren es die Windpocken? Dagmar hatte im Schlaf die Decke weggestrampelt. Nass von Urin und eiskalt ohne Zudecke lag das magere Körperchen vor ihr. Ein unangenehmer Geruch entstieg dem Bett.

Anna war es, als wenn ihr eine Faust die Kehle zudrücken würde. Sie presste die Lippen fest zusammen, deckte Dagmar sorgfältig zu, bemüht, sie nicht aufzuwecken, und verließ fluchtartig das Zimmer. Sie rannte den Weg zurück, stürzte in den Baderaum als Zufluchtsort und drehte den Schlüssel hinter sich herum. Auf dem Badewannenrand sitzend, löste sich ihr Kummer und ihre Wut. Unter Schluchzen ströhmten die Tränen. Sie hatte immer so gut auf ihr Schwesterchen aufgepasst und andere ließen sie so verkommen. Das Schlimme war, dass sie sich nirgendwo beschweren durfte, ohne ihren heimlichen und verbotenen Besuch zu gestehen. Sie musste versuchen, über Schwester Ursula Hilfe für Dagmar zu bekommen. Es würde ihr schon etwas einfallen. Diese Gedanken beruhigten sie so weit, dass sie in ihr Zimmer zurückkehren konnte.

Wieder verlassen

Das wichtigste Ereignis der Woche, auf das Anna sehnsüchtig wartete, wurde für sie der Tag, an dem man ihr das Ergebnis des Rachenabstrichs mitteilte. Doch bisher lautete es immer: „Positiv!“

Eines Tages öffnete Schwester Ursula die Tür. Hinter ihr stand, sehr blass und mager, aber sauber gekleidet und mit aufgerollten Silberlöckchen, Omi Luschei. Anna stieß einen Freudenschrei aus. Aber die Schwester bedeutete ihr, nicht näher zu kommen.

„Anna, mein Mädchen“, rief Omi Luschei. „Wie geht es dir?“

„Gut. Ich fühle mich gut, bin aber noch ‚positiv‘. Weißt du davon?“

Omi Luschei nickte. „Anna – Dagmar und ich sind nun gesund und werden morgen entlassen.“

„Oh!“ Sie nagte an ihrer Unterlippe. „Könnt ihr weiter in dem Zimmer auf dem Bauernhof wohnen?“

Wieder nickte Omi Luschei. „Wir sind ja dort zwangseinquartiert worden, wie du weißt.“

„Ist die Kleine wenigstens gesund geblieben?“

„Nicht ganz. Sie hatte die Windpocken. Aber das ist überstanden.“

„Fragt sie schon mal nach mir?“

Großmutter zögerte. „Anfangs ja! Die Kinderschwester wollte schon wissen, wer oder was ‚Ati‘ wäre.“

Anna lächelte ihr schnelles Lächeln. „Wo ist sie denn jetzt?“

„Eine Schwester passt in der Eingangshalle auf sie auf.“

Das Gespräch drohte zu versiegen. Anna überlegte krampfhaft, was sie noch fragen oder sagen könnte, um die Großmutter noch ein Weilchen festzuhalten.

„Ich muss jetzt gehen. Bald besuche ich dich wieder.“

„Gib Dagmar ein Küsschen von mir“, sagte Anna. Ihre Stimme war dunkel vor Traurigkeit.

An diesem Wochenende war das Ergebnis ihres Rachenabstriches zum ersten Mal negativ. Doch sollte ihre Freude darüber nicht lange anhalten. Die nächste Untersuchung ergab wieder ein Positiv.

Omi Luschei hatte sie mehrmals besucht. Mitte November erschien sie wieder in Begleitung von Schwester Ursula an der Tür von Annas Zimmer. Etwas im Gesicht der Großmutter bereitete Anna Unbehagen.

„Anna, es ist etwas vorgefallen. Man will mich mit Dagmar über die Grenze abschieben. Es geht übermorgen ein Transport in Richtung Westen, angeblich der letzte."

Mit versagender Stimme fragte Anna: „Und ich?"

Omi Luschei wand sich: „Du darfst ja noch nicht das Krankenhaus verlassen."

Da brach es aus Anna heraus: „Ich will aber nicht alleine hier bleiben", schrie sie verzweifelt.

„Du musst das doch einsehen, Anna. Du bist doch ein tapferes und liebes Mädchen."

Annas Stimme überschlug sich hysterisch: „Nein, ich will nicht tapfer sein, und ich bin überhaupt kein bisschen lieb. Ich will hier raaaus!"

Schwester Ursula tat ein paar Schritte auf sie zu und nahm das zitternde, laut schluchzende Kind in die Arme. „Sch, sch, sch", machte sie leise. Die drei Frauen im Zimmer stellten sich erschrokken wie ein schützender Wall um die beiden. Omi Luschei stand mit hängenden Armen draußen im Gang.

„Anna! Anna, höre mich! Man hat mir angedroht, die Lebensmittelkarten zu entziehen, wenn ich nicht mit dem Transport mitfahre. Dann hätten Dagmar und ich wieder kaum etwas zu essen. Möchtest du das?"

Anna klammerte sich an Schwester Ursula und barg ihr Gesicht an ihrem Busen. Als sie sich unter dem liebevollen Zureden der vier Frauen einigermaßen beruhigt hatte, war Omi Luschei gegangen. Sie sah sie auch nicht mehr wieder. Doch am nächsten Tag erhielt sie von ihr einen langen Brief. Die Großmutter versuchte darin noch einmal, die Gründe für ihr erzwungenes Weggehen zu erklären. Zum Schluss schrieb sie: „Wenn du gesund bist, werden wir alles daransetzen, dich nach Köln zu holen."

Anna saß auf ihrem Bett. Der Brief flatterte zu Boden Sie ballte die Hände zu Fäusten. Was geschah bloß ständig mit ihr? Immer und immer wieder, solange sie denken konnte, wurde sie von Menschen, die sie lieb hatte, verlassen.

Ihre Trauer verwandelte sich in Trotz und Zorn. Sie würde einfach niemanden mehr lieb haben, dann konnte man ihr auch nicht mehr weh tun. Eines aber schwor sie sich: Sobald ihre Untersuchungsergebnisse dreimal negativ waren, würde sie sich alleine auf den Weg nach Köln machen. Keinen Tag länger würde sie abwarten, ob jemand von der Familie sie holen käme oder nicht, und wenn sie sich nachts davonschleichen müsste.

Der Brief

Am 16. Dezember wurde Anna elf Jahre alt. Schwester Ursula und Schwester Maria, ein junges, hübsches Mädchen, brachten einen kleinen selbst gebackenen Kuchen und gratulierten Anna mit einem Lied, in das die drei Mitpatientinnen fröhlich einstimmten. Sogar die beiden alten Patientinnen summten die bekannte Melodie mit. Schwester Ursula überreichte Anna noch ein Buch mit dem Titel „Trotzköpfchen" als Geschenk.

Da holte Frau Leiseifer lachend ein großes, weißes Blatt Papier hinter ihrem Rücken hervor. Alle fünf Bettnachbarinnen hatten für Anna einen Glückwunsch unterschrieben. Witzige Zeichnungen in Rot und Grün vervollständigten es zu einem lustigen Bild.

„Ich hatte leider nur zwei Farbstifte", erklärte Frau Leiseifer.

Anna bekam vor Freude rote Ohren. Sie war überwältigt von der Herzlichkeit, die ihr hier entgegengebracht wurde.

„Danke! Vielen Dank!", war alles, was sie herausbekam. Sie lief in die Küche, kam mit einem Messer zurück, schnitt den Kuchen sorgsam in acht Stücke und bestand darauf, dass sie alle gemeinsam den leckeren Kuchen aufaßen.

Der Tag vor Weihnachten brachte Anna eine große Überraschung.

Schwester Maria sah Anna mit ihren schwarzen Kulleraugen verschmitzt an. „Rate mal, was ich für dich habe."

Anna lachte: „Weiß nicht!"

Da hielt sie ihr einen Brief vor die Nase. Anna riss ihn ihr fast aus der Hand. Vater hatte geschrieben! Sie rannte in ihr Zimmer und warf sich aufs Bett. Fast andächtig öffnete sie den Brief. Zuerst drehte sie ihn hin und her, dann roch sie daran. Und langsam begann sie zu lesen. Endlich war eine Verbindung zu ihrer Familie hergestellt.

Vater berichtete, dass sie alle inzwischen in Köln zusammengefunden hatten, Brigitte und Margot, Omi und Dagmar und auch Opa Luschei. Opa Weber und Tante Ija lebten in der Nähe von Köln.

Anna ließ einen Moment verzagt den Brief sinken. Nur sie war alleine und weit entfernt von ihrer Familie.

Sie erfuhr, dass alle zusammen eine Bleibe in der verlassenen Wohnung von Bäcker Esser, ein paar Häuser neben ihrem zerbombten Haus, gefunden hatten.

Anna furchte die Stirn: Spielen auf Essers Ecke, das war lange her!

Die oberen Wohnungen im Hause Esser waren zwar auch zerstört, aber im Parterre hatte sich die Familie notdürftig einrichten können. Vater beabsichtigte, wenn es irgendwie möglich wäre, bald wieder ein Orchester zusammenzustellen.

„Ich muss ja etwas verdienen, um die Familie zu ernähren. Und die Menschen möchten nach all der Not und dem Elend endlich wieder ein wenig Freude erleben. Die kann ich ihnen mit meiner Musik geben."

Durch Omi Luschei hatte Vater natürlich von ihren schrecklichen Erlebnissen erfahren.

„Mein armes Kind, was hast du alles durchgemacht! Hab noch Geduld! Wir alle denken an dich!"

Dem Brief beigefügt war ein 20-Mark-Schein.

Nachdem sie den Brief noch dreimal gelesen hatte, verbarg sie beides wie einen kostbaren Schatz und ihr schönstes Weihnachtsgeschenk.

Die Entscheidung

Im Januar und Februar 1946 hatten die Patientinnen in Annas Zimmer gewechselt. Frau Leiseifer war die letzte von der bisherigen Besatzung, die entlassen wurde. Sie verabschiedete sich mit einer herzlichen Umarmung. „Alles Gute, tapferes Mädchen. Ich wünsche dir, dass du bald nach Hause kommst." Anna begleitete sie ein Stück und winkte ihr traurig nach.

Kurz darauf bezog ein 18-jähriges Mädchen das Nachbarbett. Es fieberte stark und nahm kaum etwas von seiner Umgebung wahr. Mit seinem pausbäckigen Gesicht und den dichten, krausen, dunkelblonden Haaren machte es einen robusten Eindruck. Doch Anna beobachtete teilnahmsvoll, wie schwer und mühevoll das Mädchen atmete.

Nach einiger Zeit ging es ihm etwas besser.

„Fräulein Schubert, soll ich Ihnen etwas zu trinken holen?", fragte Anna, um ins Gespräch zu kommen. „Die Wasserflasche ist leer."

Die Kranke nickte und antwortete mit schwacher Stimme: „Ja, gerne. Aber du kannst ruhig du zu mir sagen. Ich bin die Marianne."

Anna lief eifrig davon, um in der Küche ein Glas Wasser zu holen.

Es war der Auftakt zu einem netten, freundschaftlichen Verhältnis zwischen den beiden Mädchen. Marianne tröstete Anna wie eine große Schwester, als nach zweimaligem negativen Abstrichergebnis das dritte wieder positiv war und Annas Hoffnung auf eine Entlassung zunichte machte.

Wieder einmal auf einem seelischen Tiefpunkt angelangt, klagte sie bei Marianne: „Vielleicht muss ich hier bleiben, bis ich eine alte Oma bin. Und meine Familie sehe ich nie wieder."

„Das glaubst du wohl selbst nicht", meinte Marianne resolut.

„Es bessert sich doch. Du hattest in den letzten Wochen schon zweimal negativ. Also Kopf hoch!“

Von Vater kamen noch zwei Briefe und auch Margot schrieb ihr. Beide schilderten ihr, wie schwierig das Leben in der zertrümmerten Stadt war. Aber Margot schrieb auch von kleinen, lustigen Begebenheiten, die sie aufheitern sollten. Es waren Briefe, die sie immer wieder las, wenn sie traurig war.

Mit Marianne und Frau Wiechert, einer kleinen, zarten Patientin, spielte Anna hin und wieder „Mensch ärgere dich nicht“. Am liebsten aber stahl sie sich in der Mittagszeit, wenn auf der Station alles ruhig war, nach draußen in den verwilderten Park. Selten begegnete sie jemandem. Auf den unkrautüberwucherten Wegen, auf denen herunterhängende Zweige einen grünen Tunnel bildeten, ließ sie ihrer Phantasie die Zügel schießen und sie verwandelte sich in eine Prinzessin. Sie raffte ein wunderschönes, imaginäres Gewand hoch und wandelte mit kleinen Schritten dahin, huldvoll nach allen Seiten nickend, auf dem Weg zum Schloss. Oder sie machte Wettspiele mit sich selbst. Dabei legte sie einen dicken Stock auf die Erde, den sie mit einem anderen Stock aus einiger Entfernung treffen musste. Dabei nahm ihre Treffsicherheit immer mehr zu.

Annas Einfallsreichtum kannte keine Grenzen, wenn es im Park um ihre einsamen, phantasievollen Spiele ging. Und es war ihre eigene, geheime Welt, in der sie die hässliche Wirklichkeit für einige Zeit vergessen konnte.

An einem grauen Regentag Anfang März half sie Schwester Margret in der Wäschekammer beim Zusammenfalten der sauberen Bettwäsche. Plötzlich sah Schwester Margret sie prüfend an.

„Anna, was ist los mit dir? Du hast ja einen ganz roten Kopf!“

In der Ecke der Kammer hing ein kleiner Spiegel. Sie lief dorthin, betrachtete sich erstaunt und fand sich sehr hübsch aussehend mit frischen, roten Wangen.

„Komm mal her zu mir!“ Schwester Margret rückte ihre Brille mit den dicken Gläsern zurecht. Sie fasste ihr prüfend an die Stirn. „Na so was, du glühst vor Fieber und springst hier munter herum. Hast du denn nichts davon gemerkt?“

Anna zuckte die Schultern und schüttelte den Kopf.

„Jetzt aber schleunigst ins Bett mit dir“, kommandierte Schwester Margret.

Anna fieberte drei Tage lang, ohne dass der Arzt jedoch etwas feststellen konnte. Sie fand es aber ganz prima, dass man sie liebevoll umsorgte. Am vierten Tag verschwand das Fieber so plötzlich, wie es aufgetreten war.

Sie musste noch einen Tag das Bett hüten, dann war sie wieder quicklebendig auf den Beinen.

Am Wochenende war das Abstrichergebnis negativ. So richtig freuen konnte sie sich aber nicht darüber. Es würden wieder zwei Wochen zwischen Hoffen und Bangen vergehen.

„Anna, setz dich mal zu mir.“ Marianne klopfte mit der Hand einladend auf ihr Bett. Solche und ähnliche Einleitungen erzeugten in Anna inzwischen Misstrauen.

„Ja, was ist?“ Mit ihren graugrünen Augen schaute sie das Mädchen von der Seite her abwartend an.

„Am Montag werde ich entlassen. Ich bin wieder gesund.“

Anna schlug sich enttäuscht mit der rechten Faust in die flache linke Hand.

„Ich wusste es ja!“ Sie ließ den Kopf sinken. Doch dann hob sie ihn wieder mit einem Ruck. „Entschuldige! Es ist schön für dich, dass du gesund bist und wieder nach Hause gehen kannst. Aber mir wirst du fehlen.“

„Weißt du was? Wenn du entlassen wirst, besuchst du mich in Helmstedt. Das ist mit dem Zug nicht weit entfernt. Ich schreibe dir meine Adresse auf.“ Marianne entwickelte mit Eifer Pläne, wie sie Anna nach ihrer Entlassung helfen könnte. „Meine Mutter hast du hier ja schon mal kennen gelernt. Die Eltern würden sich sicher freuen, wenn du zu uns kommst. Falls du aber hier in der Burg warten musst, bis du von deiner Familie abgeholt wirst, schreibst du mir auf jeden Fall. Versprochen?“

Anna nickte verwirrt und schlug in die dargebotene Hand ein. Ihre Gedanken überschlugen sich. Wieder blieb sie zurück. Doch Mariannes Vorschlag gefiel ihr. Sie hatte ihr erzählt, dass bei Helmstedt Züge über eine Grenze in den Westen fuhren. Anna hatte natürlich kaum eine Landkarte gesehen. Wo sich Köln genau befand, wusste sie nicht. Aber sie würde schon dorthin finden. Es machte ihr nämlich Kopfzerbrechen, dass in keinem Brief von zu Hause angekündigt wurde, dass und wie man sie nach ihrer Gesundung von Haldensleben abholen würde.

Wenn sie traurig war, nannte sie das bei sich ihre „dunklen“ Stunden. War sie fröhlich, waren das „helle“ Stunden. In den „dunklen“ Stunden, die immer häufiger geworden waren, dachte sie misstrauisch, dass ihre Familie sie mit der Zeit vielleicht einfach vergessen würde.

Eine Woche nach Mariannes Abschied bekam sie durch den Arzt, Dr. Waller, die Nachricht vom zweiten negativen Untersuchungsergebnis. Ein Fünkchen Hoffnung glimmte wieder auf. Dr. Waller strich ihr freundlich über den Kopf, der inzwischen von einem dichten, kurzen Flaum bedeckt war.

„Du musst fest daran glauben, Mädel, nächstes Mal klappt es!“

Die Tage der nächsten Woche krochen für Anna mit zäher Langsamkeit dahin. Dazu war das Wetter kalt und regnerisch, sodass sie nicht in den Park gehen konnte.

Am Morgen, an dem sie das entscheidende Ergebnis erwartete, hockte sie im Zimmer auf einem breiten, steinernen Fenstersims und versuchte, durch den strömenden Regen hinauszuschauen. Ein Lächeln flog über ihr Gesicht. Es war lustig, dem Regen zuzusehen, und es lenkte sie ab. Da gab es Regentropfenartisten. Sie kamen flink herunter, sprangen auf das äußere Sims und machten mit lautem „Pitsch“ einen Salto. Wahrscheinlich fand ein Wettbewerb statt, weil es so viele waren. Dann gab es die Ängstlichen. Sie seilten sich an einem langen Wasserseil ab, hielten sich an der Fensterscheibe fest, ehe sie auf ihren kugelrunden Bäuchlein daran herunterrutschten.

Schwester Margret betrat den Raum. „Anna, du möchtest zu Dr. Waller kommen.“ Ihrer Stimme war eine leichte Erregung anzumerken. Annas Kopf flog herum. Sie sprang von ihrem Sitz herunter. „Wissen Sie etwas?“ Doch die Schwester gab ihr nur einen sanften Stups. Da lief Anna rasch zum Arztraum. Davor blieb sie einen Moment stehen, drückte ganz fest beide Daumen zusammen und schickte sicherheitshalber noch ein Stoßgebet zum Himmel. „Lieber Gott, bitte hilf mir!“

„Setz dich, mein Kind!“ Gehorsam ließ sie sich herzklopfend auf dem angebotenen Stuhl nieder. Der Arzt blätterte in seinen Unterlagen. Ihr Blick hielt sich an seinen großen, fleischigen Ohren fest.

„Wie lange bist zu jetzt hier, Anna?“

„24 Wochen, 21 Abstriche“, antwortete sie wie aus der Pistole geschossen. Sie sah ihn mit weit aufgerissenen Augen an. ‚Mach schon! Mach schon!‘, dachte sie drängend.

„Herzlichen Glückwunsch, meine Kleine! Der dritte und letzte Abstrich war auch negativ.“

„Juhu!“ Anna sprang freudestrahlend auf.

Der Arzt lehnte sich lachend zurück. „*Die* Freude kann man nach der langen Zeit des Wartens verstehen.“

Sie wusste nicht, wohin sie sich zuerst drehen sollte, wollte aus dem Raum stürzen. Dr. Waller hielt sie zurück.

„Wir werden natürlich sofort deinen Eltern schreiben."

Da wurde Anna ganz ruhig. Sie sah den Arzt fest an und schüttelte den Kopf.

„Ich gehe morgen früh von hier weg."

„Wie bitte?" Er glaubte, sich verhört zu haben. „Wo willst du denn hin mit deinen elf Jahren?"

„Ich will endlich nach Hause, nach Köln!" Sie machte nach jedem Wort eine nachdrückliche Pause. „Zuerst fahre ich mit dem Zug zu einer Freundin nach Helmstedt. Sie hat mich eingeladen."

Dr. Waller zupfte an seinem kurzen Bart. „Hm, ich muss das erst mit der Verwaltung besprechen." Doch er schien von ihrer Festigkeit beeindruckt. „Du bist ja eine erstaunliche kleine Person!"

Tatsächlich händigte man ihr noch am späten Nachmittag ihren Entlassungsschein aus. Ganz sicher war sie nicht gewesen, ob die zuständigen Erwachsenen ein Kind einfach alleine aus dem Krankenhaus gehen lassen würden. Flüchtig dachte Anna, vielleicht war man froh, dass man sie und die Verantwortung für sie loswurde.

Schwester Margret brachte ihr den Schein. Sie drückte sie burschikos an sich. „Du hast aber Mut, Mädel. Morgen früh kannst du dir unten in der Hauptküche ein Esspaket abholen. Da ich morgen frei habe, wünsche ich dir jetzt schon alles, alles Gute. Es wäre großartig, wenn wir nur so liebe Patienten hätten, wie du eine warst." Mit diesem dicken Lob wandte sie sich, von Rührung übermannt, schnell ab.

„Auf Wiedersehen und danke für alles, Schwester Margret. Sie waren auch immer sehr nett", rief Anna ihr noch hinterher.

Der Abschied

Anna erwachte an diesem Morgen sehr früh. Die Patienten im Raum schliefen noch. Sie lauschte auf die Geräusche, an die sie sich in den vergangenen Monaten gewöhnt hatte. Ganz still war es nie. Husten, Schnarchen, Stöhnen oder das Krachen der Bettgestelle brachten sie nachts nicht mehr um den Schlaf. Jetzt hörte sie auf dem Flur Schritte. Eine Schwester nahm ihren frühen Dienst auf.

Anna schlüpfte aus dem Bett und begann, ihre wenigen Sachen zusammenzulegen. Sie knüpfte alles in ein Tuch, zuunterst kamen ihre „Schätze“. Den Entlassungsschein und das Geld steckte sie sorgfältig in den Briefumschlag von Vaters Brief. Die Schwester betrat geschäftig den Raum.

Leise fragte Anna: „Wissen Sie, ob in der Hauptküche schon jemand ist?“

Die Schwester sah sie freundlich an. Sie war neu hier und tat erst wenige Tage ihren Dienst.

„Ja, das Personal arbeitet bereits unten in der Küche. Von dir hört man ja tolle Sachen. Du willst dich wirklich ganz alleine auf so eine gefahrvolle Reise begeben, bis ins Rheinland?“

Anna nickte heftig. Die leise geführte Unterhaltung hatte die anderen Patientinnen geweckt. Worte, Zurufe flogen durch den Raum: „Du schaffst das schon, Anna!“ Doch nicht alle äußerten sich zustimmend. „Unverantwortlich!“ – „Verstehe nicht, dass man ein Kind so ins Ungewisse entlässt!“

Sie kleidete sich an, ging rasch mit kleinen, schnellen Schritten aus dem Raum und hüpfte froh die Treppen hinunter bis ins Souterrain, wo sich die Hauptküche befand. Hier aß in früherer Zeit die Dienerschaft und es wurde für die Herrschaft der Burg gekocht.

Geschäftiges Geschirrklappern empfing sie. Nur Frauen waren hier tätig. Alle Köpfe drehten sich zu ihr herum. Sie wandte sich an eine große, magere Frau mit weißer Schürze.

„Ich soll mir ein Esspaket abholen“, sagte Anna.

Für ein paar Minuten musste sie noch einmal neugierige und anteilnehmende Fragen über sich ergehen lassen. Wo sie denn hinwolle. Ob sie gar keine Angst habe. Dann sagte sie „Auf Wiedersehen“ und verließ mit ihrem recht kleinen Päckchen erleichtert die Küche. In ihrem Zimmer verabschiedete sie sich mit festem Händedruck von der Schwester und jeder Patientin, die ihr viele gute Wünsche mit auf den Weg gaben. Sie band sich ein Tüchlein um den Kopf, schulterte ihr Bündel und trat hinaus in den grauen, kalten Märzmorgen. Nur einmal drehte sie sich noch um und warf einen Blick auf die Burg. Dann stapfte sie fröstelnd auf einem lichten Waldweg zu dem kleinen Bahnhof von Haldensleben.

Der Fahrkartenschalter war noch geschlossen. Sie setzte sich auf eine Bank und wartete, die Arme eng um den Körper geschlungen, frierend, bis der Schalter geöffnet wurde. Der Bahnbeamte drehte ihren Geldschein missmutig hin und her.

„Nach Helmstedt? Da muss ich dir fast mein ganzes Kleingeld herausgeben.“

Kleinlaut antwortete Anna: „Ich habe aber nur diesen Schein.“

Schnaufend und quietschend lief der Zug ein. Ein Schaffner hob sie die zwei Stufen hoch und aufatmend ließ sie sich im Abteil auf die harte Holzbank fallen.

In Helmstedt

Mit dem Zettel in der Hand fragte sie sich zu der von Marianne angegebenen Adresse durch. Marianne öffnete auf ihr Klingeln die Haustür.

„Anna! Das ist aber eine schöne Überraschung! Komm schnell herein. Du siehst ganz verfroren aus."

Sie umarmte sie temperamentvoll. Auch von ihren Eltern wurde sie herzlich in Empfang genommen. Marianne verzog ihr Gesicht. In ihrer Stimme lag ehrliches Bedauern.

„Es tut mir schrecklich leid, dass ich jetzt nicht bei dir bleiben kann, doch ich muss zur Arbeit. Du weißt ja, dass ich als Verkäuferin arbeite", sagte Marianne. „Aber bei meiner Mutter bist du bestens aufgehoben."

„Komm, mein Kind, du wirst Hunger haben."

Frau Schubert betrachtete voller Mitleid Annas mageren Körper. Sie schob sie auf einen Stuhl am Küchentisch.

„Ich habe im Zug schon zwei Butterbrote aus dem Krankenhaus gegessen."

„Na, dann musst du aber einen Becher heiße Milch trinken. Die wird dir gut tun."

Anna trank gerne heiße Milch, es durfte sich nur keine Haut auf der Oberfläche gebildet haben. Möglichst unauffällig, wie sie meinte, fischte sie die Haut mit zwei Fingern von der Milch.

Frau Schubert lachte und reichte ihr ein Tellerchen. „Leg das hier drauf. Marianne mag auch keine Milchhaut. Sie meint, wenn sie sie mittrinkt, muss sie würgen."

Anna sagte verlegen: „So geht es mir auch."

Anschließend zeigte Frau Schubert ihr das Zimmer, das sie mit Marianne teilen sollte. Das zweite Bett hatte Mariannes inzwischen verheirateter Schwester gehört.

Am Abend bekam sie von Frau Schubert eine nagelneue Zahnbürste geschenkt.

‚O je', dachte Anna, ‚wann habe ich mir denn zuletzt die Zähne geputzt?'

Frau Schubert achtete auch genau darauf, dass Anna sich vor dem Zubettgehen gründlich mit warmem Wasser und Seife wusch. Dabei strahlte Mariannes Mutter so viel Wärme und Mütterlichkeit aus, dass Anna sich gerne fügte und nach langer Zeit wieder wohl fühlte.

Als sie dann ihr Bett bestieg, versank sie in weichen Daunenkissen und gluckste vor Vergnügen. Marianne setzte sich noch ein Weilchen zu ihr auf die Bettkante, um zu plaudern, und Herr Schubert steckte den Kopf zur Tür herein.

„Na, Anna, geht's dir gut? Morgen habe ich etwas mehr Zeit für dich. Schlaf gut!"

Marianne erzählte ihr, dass der Vater als Sanitäter arbeite. „Wir haben hier im Hof eine Suppenküche. Dort wird für die Flüchtlinge und Vertriebenen aus dem Osten, die auf dem Weg nach Westen sind, Essen ausgeteilt. Es ist günstig, dass unser Haus direkt am Bahnhof liegt. Dadurch ist mein Vater auch schnell zur Stelle, wenn ein Notfall auftritt und er mal keinen Dienst hat."

An vielen Abenden der vergangenen Monate, wenn sie in der Dunkelheit auf irgendeiner Schlafstätte lag, überkam sie die Angst, der schreckliche Alptraum vom russischen Soldaten mit der Pistole könnte sie nachts wieder quälen. Sie hatte sich dann die Decke über den Kopf gezogen und versucht, wach zu bleiben. Hier bei dieser Familie, in diesem wohligen Bett aber fühlte sich Anna sicher und geborgen und keine Ängste bedrückten sie vor dem Einschlafen. Sie wusste natürlich, dass dies nur eine vorübergehende Sicherheit bedeutete. Ihre Reise war noch lange nicht zu Ende.

Beim Frühstück am nächsten Morgen erzählte Herr Schubert ihr etwas von seiner Tätigkeit. „Wenn du Lust hast und dich langweilst, kannst du mittags ein bisschen bei der Essensausgabe helfen. Es bilden sich immer lange Schlangen hungriger Menschen." Anna sagte schnell ja. Sie war stolz, dass er ihr das überhaupt anbot. Gestern hatte er auf sie zuerst einen strengen Eindruck gemacht mit seinem militärisch kurz geschnittenen Haar, seinem hageren Gesicht und der aufrechten, schlanken Figur. Sie merkte aber schnell, dass er ein liebenswürdiger, humorvoller Mann war, vor dem sie sich nicht zu fürchten brauchte.

„Anna", fuhr er jetzt fort, „du kannst bei uns bleiben, solange du willst. Aber ich weiß ja, dass du endlich zurück zu deiner Familie möchtest. Deshalb werde ich versuchen, dir zu helfen und die Augen offen zu halten. Du musst aber wissen, dass sich die Möglichkeit wegzukommen ganz plötzlich ergeben kann. Verstehst du das?"

Anna nickte. Sie wusste, dass er es gut mit ihr meinte.

Sonntags machte sie mit Marianne einen langen Spaziergang. Die beiden ungleichen Mädchen hatten sich viel zu erzählen. Anna fand es wunderbar, dass Marianne sie nicht wie ein kleines Kind behandelte, sondern sehr ernsthaft auf sie einging.

Am Vormittag des fünften Tages saß Anna bei Frau Schubert in der gemütlichen Wohnküche und knabberte an einer Mohrrübe. Die Tür wurde aufgerissen. Herr Schubert trat hastig ein.

„Anna, schnell! Nimm deine Sachen! Gleich kommt ein Zug, der über die Grenze in den Westen fährt. Im letzten Waggon sind deutsche Vertriebene."

Anna biss vor Schreck in den Finger statt in die Mohrrübe. Die Nachricht kam so plötzlich. Doch Frau Schubert half ihr in Eile, das Bündel zu schnüren.

„Binde dir dein Tuch um den Kopf, es ist kühl draußen."

Sie schaffte es auch noch, ein doppeltes Butterbrot zu schmieren, etwas Käse und ein wenig Schinken dazu zu packen. Ihr Mann trieb sie nervös zur Eile an. Anna umarmte Frau Schubert zum Abschied. Beiden standen Tränen in den Augen.

„Und Marianne?“, fragte Anna schniefend. „Grüßen Sie sie bitte ganz, ganz lieb von mir.“

Herr Schubert packte sie am Arm und zog sie über die Straße zum Bahnsteig. Dort blieb er mit ihr am äußersten Ende stehen. Drei russische Soldaten patroullierten mit umgehängtem Gewehr hin und her und blickten zu ihnen herüber. Anna sah Herrn Schubert fragend an. Das Herz klopfte ihr bis zum Halse. Er machte eine beschwichtigende Gebärde.

„Keine Sorge! Sie kennen mich. Wir sprechen auch schon mal miteinander. Ich kann ein wenig russisch.“ Leise erklärte er weiter: „Ich habe erfahren, dass ein geschlossener Zug erwartet wird, weiß aber nur, dass sich im letzten Waggon Deutsche befinden. Mehr konnte ich nicht herauskriegen. Sicher ist aber, dass er über die Grenze Richtung Westen fährt.“

Anna sah ihn zuerst. „Dahinten kommt ein Zug“, flüsterte sie aufgeregt. Dann ging alles sehr rasch. Die Eisenbahn hielt kaum, da zog Herr Schubert Anna schnellen Schrittes zum letzten Waggon. Mit aller Kraft schob er die Waggontüre einen Spalt auf und schubste Anna in das überfüllte Innere.

„Alles Gute, mein Kind! Viel Glück!“

Anna sah noch, wie einer der Soldaten, russisch lamentierend, wütend angelaufen kam und Herrn Schubert gegen die Brust stieß. Da schloss jemand die Waggontüre und der Zug setzte sich auch schon in Bewegung.

Die Menschen standen oder saßen dicht gedrängt. Die stikkige Luft benahm Anna fast den Atem. Tageslicht fiel nur durch kleine Fensterluken im oberen Teil der Waggonwand herein. Diejenigen, die davor standen, hoben sich gegenseitig immer wieder hoch, um hinauszuschauen. Dann plötzlich der Ruf: „Wir sind über die Grenze! Ja, es ist wahr! Wir sind im Westen!“

Erregtes, freudiges Murmeln durchlief den Waggon.

Anna drückte sich langsam bis zur gegenüber liegenden Wand an den Menschen vorbei. Wie oft war sie in den fünf Jahren seit

Muttis Tod in alle möglichen Züge ein- und ausgestiegen, schoss es ihr plötzlich durch den Kopf. Sie ging in die Hocke, nahm das Kopftuch ab, verschränkte die Arme auf den Knien und legte den Kopf darauf. Ihre Gedanken waren bei Herrn Schubert. Hoffentlich war ihm nichts Schlimmes passiert dafür, dass er ihr geholfen hatte. Das wäre einfach ungerecht und schrecklich.

Ein Mann, der neben ihr hockte, sprach sie an: „Na, Junge, wo willst du denn hin? Wohin gehörst du?"

Anna sah ihn verblüfft an. Im Dämmerlicht konnte sie nur undeutlich ein hageres, unrasiertes Gesicht erkennen. Dann fielen ihr ihre streicholzkurzen Haare ein.

Mit Verlegenheit in der Stimme antwortete sie: „Ich bin kein Junge! Ich bin ein Mädchen!"

„Na so was! Bist du allein?"

Abweisend sagte sie kurz: „Nein", und legte den Kopf wieder auf ihre Arme.

Die Grenze! Sie war also über die Grenze hinweg. Schuberts hatten ihr viel erzählt von der Aufteilung Deutschlands unter die Siegermächte in vier Besatzungszonen. Sie hatte es jedoch erst einigermaßen verstanden, als Marianne es ihr anhand einer Landkarte zeigte und erklärte. Hier gab es die russische Zone östlich der Elbe, die dann im vergangenen Juli um Sachsen und Thüringen erweitert worden war. Über diese Grenze hatte der Zug die russische Zone nun verlassen und fuhr in eine andere Zone. Aber welche war das? Sie versuchte sich noch einmal an die Landkarte zu erinnern, doch ihre Gedanken verwirrten sich und sie schlief ein.

Ein hartes Rucken weckte sie aus dem Schlaf. Der Zug hielt auf freier Strecke. Zahlreiche Menschen nutzten diese Gelegenheit, den Waggon zu verlassen, um draußen hastig ihre Notdurft zu verrichten. Auch Anna sprang hinunter und ließ sich rasch zwischen zwei Waggons nieder. Wieder ruckte der Zug an. In panischer Eile stürmten alle zu der Waggonöffnung. Anna wurde hin und her geschubst. Sie kletterte jedoch geschmeidig hinauf und ließ sich wieder bei ihrem Bündel nieder. Glücklicherweise fuhr der Zug sehr langsam, denn einige der Ausgestiegenen hatten Mühe, wieder einzusteigen.

Es musste gegen Nachmittag sein, als es wieder einmal hieß: „Endstation!“ Anna schloss sich dem Strom der Menschen an. Sie wurden in ein Auffanglager geführt. Da sie keine Ahnung hatte, wo sie sich befand, hielt sie Ausschau nach dem Bahnhofsschild. Als sie es im Vorbeigehen entdeckte, las sie „Salzgitter“. Komischer Name!

Sie war froh, in dem Lager für die Nacht Aufnahme und Essen zu finden. Zufrieden kroch sie auf den ihr zugewiesenen Strohsack, zog die kratzige Wolldecke über sich und bettete ihren Kopf auf ihr Bündel.

Am anderen Morgen verließ sie das Lager, nachdem sie sich ein Stück Brot und einen Becher scheußlich schmeckenden Malzkaffee abgeholt hatte. Danach suchte sie wieder den Weg zum Bahnhof.

Der Fahrkartenschalter war zum größten Teil mit Pappe zugenagelt in Ermangelung von Fensterscheiben. Anna sah durch eine Luke das griesgrämige Gesicht des Schalterbeamten.

„Ich möchte eine Fahrkarte nach Köln“, sagte sie möglichst forsch.

Der Beamte schob die Karte durch die Luke. „21 Mark“, forderte er.

Anna fuhr der Schreck in die Glieder. „Ich habe aber nur noch 16,50 Mark“, antwortete sie verzweifelt. Die Hand erschien und die Fahrkarte verschwand wieder. „Das kostet es eben“, brummte der Beamte und schob die Luke zu.

Anna schob trotzig das Kinn vor. Sie legte ihr Geld bereit und klopfte an die Pappe.

„Was willst du denn noch?"

„Wie weit kann ich in die Richtung von Köln für 16,50 Mark fahren?"

„Bis Wuppertal. Du musst aber einmal umsteigen."

„Dann nehme ich eine Karte nach Wuppertal."

Die Hand kam erneut zum Vorschein mit einer Fahrkarte und dem kleinen Rest Wechselgeld.

Schnell fragte Anna noch: „Ist es dann von dort noch weit bis Köln?"

Offensichtlich hatte er nun genug. „Zu Fuß ist es zu weit", und rumms, ging der Schalter wieder zu.

Da stand sie nun mit ihrer kostbaren Fahrkarte und übrig gebliebenen 50 Pfennigen. Noch einmal zu fragen, wo und wann der Zug abfahren würde, hatte sie keine Lust.

Der Bahnsteig bevölkerte sich mit Reisenden. Die meisten hatten kein großes Gepäck bei sich. Vielleicht fuhren sie zu ihrer Arbeitsstelle, vermutete Anna. Sie merkte, dass die Menschen sie neugierig ansahen. Zwei Frauen in ihrer Nähe schoben sich näher heran.

„Kind, bist du ganz allein?", fragte die eine mitleidig.

Anna nickte nur, doch die Frage war ihr unangenehm. Sie wollte nicht neugierig angestarrt und bemitleidet werden, obwohl sie unendlich traurig war. Wie sollte sie ohne Geld in ihre Heimatstadt und zu ihrer Familie kommen?

Ein Zug fuhr in den Bahnhof ein und hielt. Anna sah einen Schaffner mit rotgrüner Kelle daneben stehen. Sie lief zu ihm hin.

„Ich will nach Wuppertal. Kann ich hier mitfahren?"

„Ja, mein Frollein", antwortete er freundlich. „Die Richtung stimmt." Endlich mal ein netter Schaffner!

Der Zug war sehr voll. Anna stand auf dem Gang und drückte ihre Nase an die staubige Fensterscheibe. Sie sah die vorbeihuschende Landschaft nicht. Ihre Gedanken beschäftigten sich nur mit der schwierigen Frage, wie sie von Wuppertal weiterkommen könnte. ‚Egal', dachte sie verbissen, ‚ich kann alles schaffen!' Sie würde eben zu Fuß nach Köln gehen.

Das Abteil hinter ihr leerte sich bis auf zwei alte Frauen. Anna war sehr müde, deshalb setzte sie sich in eine Ecke des Abteils. In der matten Trennscheibe zum Gang spiegelte sich ihr schmales, blasses Gesicht. Mit der Hand fuhr sie sich über den Kopf. Sie wunderte sich immer wieder darüber, dass ihre vormals absolut glatten, hellblonden Haare nach dem Abrasieren lockig und dunkelblond nachwuchsen. Aber noch sah sie wirklich nicht wie ein Mädchen aus. Doch das war nicht wichtig. Wichtiger wäre jetzt etwas zu essen und zu trinken. Sie hatte maßlosen Hunger.

In diesem Moment schreckte sie die Stimme einer der Frauen aus ihren Gedanken auf: „Kind, bist du ganz allein?" Wieder diese Frage! Doch es waren zwei alte, runzlige Gesichter mit gütigen Augen, in die sie blickte. Annas Abwehr fiel in sich zusammen. Stockend berichtete sie etwas von ihren Schwierigkeiten. Die Frauen zerflossen vor Mitleid.

„Ich habe leider nichts zu essen bei mir", sagte die eine, „aber hier ist eine Thermosflasche mit Pfefferminztee. Möchtest du etwas trinken.?"

Anna nahm dankbar das heiße Getränk an. Jede der Frauen begann, in ihrer abgegriffenen Geldbörse zu kramen, und jede drückte Anna einen Zehnmarkschein in die Hand. Sie sah entgeistert auf das Geld und konnte nicht glauben, was sie dort hielt. Tränen schossen ihr in die Augen vor Freude. Sie kam sich plötzlich reich vor. Mit einem Schlag waren ihre Probleme verschwunden. Mit Mühe versuchte sie, den Frauen gegenüber ihre Dankbarkeit auszudrücken. Die waren ganz gerührt.

„Leider müssen wir an der nächsten Station aussteigen, sonst hättest du uns noch etwas von dir erzählen können."

Mit vielen Glück- und Segenswünschen verließen sie den Zug und eine überaus frohe Anna.

Der freundliche Schaffner sagte ihr bei der Fahrkartenkontrolle, wie viele Stationen sie bis zu ihrem Ziel zu zählen hatte. Höllisch passte sie auf, dass sie das Umsteigen nicht versäumte. Gegen Abend erreichte der Zug Wuppertal. Der Fahrkartenschalter dort war bereits geschlossen. Ihre Enttäuschung war groß. Nun hatte sie zwar das entsprechende Geld, konnte aber keine Fahrkarte lösen. Es dunkelte. Auf dem zugigen Bahnsteig wollte sie nicht bleiben. Der verschlafen wirkende, inzwischen menschenleere Bahnhof bot ihr keinen Unterschlupf. Anna hatte das Gefühl, ganz allein auf der Welt zu sein. Nur ein Hund bellte in der Ferne. Langsam ging sie bis ans Ende des Bahnsteigs. Der Mond erschien zwischen den Wolken. In seinem bleichen Licht sah sie einen Schrebergarten mit einem kleinen Gartenhaus. Kurz entschlossen kletterte sie über den Zaun.

Die Hüttentür ließ sich leise knarrend öffnen. Tastend versuchte sie zu ergründen, was hier herumstand. Dabei stieß sie auf einen zusammengeklappten Liegestuhl. Es machte ihr einige Mühe, ihn in die richtige Lage zu bringen. Ihre Augen hatten sich inzwischen an die Dunkelheit gewöhnt. An den Wänden hingen und lehnten verschiedene Gartengeräte. Sie setzte sich in den Liegestuhl. Ihr war kalt und der Hunger quälte sie. Sie dachte darüber nach, dass kein Mensch wusste, wo sie sich im Moment befand. Und nach Monaten überfiel sie ganz plötzlich wieder einmal die große Sehnsucht nach ihrer Mutter. Mutti hätte sie bestimmt nie, niemals allein gelassen. Dann fielen ihr die Augen zu und sie schlief erschöpft, bis der Morgen graute.

Als Anna erwachte, wusste sie zuerst nicht, wo sie sich befand. Sie schaute durch das kleine Fenster nach draußen. Es war noch zu früh, zum Fahrkartenschalter zu gehen, doch in dem Gartenhäuschen wollte sie auch nicht bleiben. Ein Zug fuhr mit

Getöse vorbei. Sie kletterte wieder über den Zaun und ging langsam zum Bahnhofsgebäude. Der Morgen war sehr mild. Auf der Toilette wusch sie sich an einem kleinen, schmuddeligen Waschbecken die Hände und das Gesicht und trank mit langen, durstigen Zügen aus der Wasserleitung.

Heimkehr

Endlich konnte sie in den Zug nach Köln einsteigen und fand ein Plätzchen zum Sitzen. Die Freude, es nun fast geschafft zu haben, ließ sie ihren bohrenden Hunger vergessen. Warum nur bummelte dieser Zug so langsam daher? Es hielt sie nicht mehr auf ihrem Sitz, deshalb stellte sie sich im Gang an ein Fenster. Auf keinen Fall wollte sie den Augenblick verpassen, in dem sie vielleicht vom Zug aus die Türme des Kölner Domes sehen könnte.

Es gab Erinnerungen, die sie all die Jahre festgehalten hatte. Dazu gehörten kleine Begebenheiten: mit Mutti und Margot am Weihnachtstag im Dom die Krippe bewundern; das Innere des Domes, dessen geheimnisvolles Dunkel sie stumm gemacht hatte; als ganz kleines Mädchen mit Mutti nach einem Stadtbummel am Heumarkt in der „Malzmühle" einen „halven Hahn" essen, was zu ihrem Erstaunen kein halbes Hähnchen, sondern ein Röggelchen mit Käse war; mit Tante Ija im Kaufhaus Peters einkaufen gehen.

Der Zug fuhr jetzt noch langsamer, vorbei an Trümmerhaufen, die einmal Häuser gewesen waren. Plötzlich lag vor ihren Augen der Rhein und auf der anderen Seite ragten die Domtürme, das Wahrzeichen von Köln, in den Himmel. Sie kniff die Augen zusammen, um besser sehen zu können. Die Türme waren tatsächlich noch da, aber der Dom schien sehr unter den Bombenangriffen gelitten zu haben.

Die Zugfahrt endete an dem stark beschädigten Deutzer Bahnhof. Hier hatte vor drei Jahren Annas Teilnahme an der Kinderlandverschickung begonnen. Sie trat auf den Platz vor dem Bahnhof und atmete tief ein. Köln! Sie hatte es tatsächlich geschafft!

Um nach Klettenberg zu kommen, musste sie den Rhein überqueren. Sie fragte einen Passanten nach dem Weg und ging zu Fuß über eine behelfsmäßige Brücke. Auf der linken Rheinseite angekommen, blieb sie ratlos stehen. Vor ihr lag eine totale Trümmerwüste, durch die sich nur Trampelpfade wanden. Sie konnte sich nicht erinnern, was vereinzelt stehen gebliebene Hausruinen einmal gewesen waren. Zwei junge Mädchen gingen an ihr vorbei. Anna fragte rasch, welche Richtung sie nach Klettenberg einschlagen müsse.

„Du kannst hier auf dem Pfad hinter uns hergehen bis zum Neumarkt“, sagte das eine Mädchen. „Von da fährt schon eine Straßenbahn nach Klettenberg.“

Anna trottete hinter den beiden her, immer auf der Hut, nicht über Schutt und Steine zu stolpern. Und tatsächlich rollte am Neumarkt, dem großen Platz in der Innenstadt, dessen Umgebung fast eingeebnet war, die Linie 10 heran. Als sie vorne auf dem Triebwagen das Schild ‚Klettenberg‘ las, wurde es Anna ganz eigentümlich zu Mute. Sie blieb auf dem offenen Perron der überfüllten Straßenbahn stehen. Eine Schaffnerin drückte sich mühsam durch die eng beieinander stehenden Fahrgäste hindurch mit dem Ruf: „Sonst noch jemand ohne Fahrschein?“

An der Haltestelle Lohrbergstraße stieg Anna aus. Trümmer und Ruinen, wo sie hinsah. Als sie an dem, was einmal ihre Schule gewesen war, vorbeikam, spielten dort auf den Schuttbergen zwei kleine Mädchen. Es brach ein Streit zwischen ihnen aus. Das eine rief erbost: „Du bist ja jeck!“

Anna lächelte. Das kölsche Schimpfwort klang in ihren Ohren wie ein heimatlicher Willkommensgruß.

Nun erreichte sie die Siebengebirgsallee. Auch hier überall Zerstörung. Von ihrem Elternhaus schien nur das Kellergeschoss stehen geblieben zu sein. Traurig sah sie auf die Verwüstung. Dann riss sie sich von dem Anblick los und ging rasch auf „Essers Ecke“ zu. Das Haus mit seinen Fensterhöhlen und Einschlaglöchern machte einen unbewohnten Eindruck. Das Dach und das zweite Obergeschoss waren eingestürzt.

Von einem Augenblick zum anderen kroch die Angst in ihr hoch. Vielleicht war ihre Familie weitergezogen und für Anna unauffindbar. Sie betrat zögernd den Hausflur. Leere, wo früher der Bäckerladen gewesen war. Vielleicht hausten sie auf der ersten Etage. Sie stieg die bröckelige Treppe hoch. Nichts! In diesem Augenblick verließ sie der Mut, der sie so lange angetrieben hatte. Mit wackligen Beinen ging sie die Treppe wieder hinunter. Hinter einer roh gezimmerten Tür hörte sie Stimmen. In ihrer verwirrten, verzweifelten Verfassung dachte sie jetzt nur daran, dass dort Menschen wären, die ihr vielleicht sagen könnten, wohin ihre Familie gegangen sei.

Matt klopfte sie gegen die Lattentür. Die Tür ging auf und ihr Vater stand im Türrahmen, schmaler, als sie ihn in Erinnerung hatte. Er sah sie an wie eine Fremde.

„Ja, Kind, was willst du?"

Anna erwachte aus ihrer Erstarrung. Fast versagte ihre Stimme, als sie sagte: „Vati, erkennst du mich denn nicht?"

Voll ungläubigem Erstaunen fragte er: „Anna?"

Da warf sie ihr Bündel hinter sich und sprang in seine Arme. Sie war endlich zu Hause!